Vulgaire

Marine Baousson
Illustrations de Juliette Poney

Vulgaire

Vulgarisation de trucs par quelqu'un qui n'y connaît rien

Flammarion

ISBN : 978-2-0802-5577-8

À Élisa.

« Tu es la douceur qui implose,
mon marathon et ma pause.
Avant, j'hésitais, maintenant j'ose.
Tu es mon effet et ma cause, je suppose. »
Luciole

Sommaire

Avant-propos 11

Chapitre 1 : **Lourdes** 13

Chapitre 2 : **Le joint de culasse** 21

Chapitre 3 : **Marignan 1515** 31

Chapitre 4 : **L'affaire du corbeau de Tulles** 39

Chapitre 5 : **Raspoutine** 51

Chapitre 6 : **Les UV** 63

Chapitre 7 : **Les quatre accords toltèques** 73

Chapitre 8 : **Sissi l'impératrice** 83

Chapitre 9 : **Les francs-maçons** 95

Chapitre 10 : **Monaco** 105

Chapitre 11 : **Le clitoris** 115

Chapitre 12 : **Amélie Mauresmo** 127

Chapitre 13 : **Le paracétamol** 137

Chapitre 14 : **Le Tour de France** 147

Chapitre 15 : **Les abeilles** 159

Chapitre 16 : **La langue des signes française** 169

Chapitre 17 : **Les marées** 181

Chapitre 18 : **Jean Moulin** 191

Chapitre 19 : **Belle du Seigneur** 201

Chapitre 20 : **Le Procès de Bobigny** 213

Remerciements 225-227

Avant-propos

Je suis de celles et ceux qui n'osent jamais arrêter quelqu'un pour dire *« excuse-moi, mais je n'ai aucune idée de ce que le mot que tu viens de prononcer veut dire »*, ou qui savent vaguement ce qu'il s'est passé au cours de l'histoire, mais qui ont tout oublié depuis l'école.

Or, nous vivons à une époque dans laquelle il est difficile de dire « je ne sais pas » ou « je ne connais pas », par crainte d'être jugé.e.s, ou moqué.e.s.

De plus, quand on fait l'effort d'aller chercher l'info, parfois, elle reste floue, ou complexe, car souvent les experts oublient qu'ils.elles s'adressent à des novices, et que ce qui leur semble évident ne l'est pas pour tout le monde.

C'est pour toutes ces raisons que j'ai créé Vulgaire : je voulais faire de la vulgarisation de trucs, mais par quelqu'un qui n'y connaît rien.

Et vous le verrez dans ce livre, je n'y connais vraiment rien… à rien.
Histoire, sciences, sport, mécanique, culture générale… La seule ligne directrice de ce livre, c'est mon ignorance.

« Vulgaire », ça ne veut pas dire qu'il y aura des vulgarités toutes les trois phrases, ça veut juste dire qu'on vulgarise beaucoup, pour apprendre et comprendre avec humour, bien sûr.

Bonne lecture !

CHAPITRE 1

Lourdes

Vous connaissez la ville de Lourdes ?

J'y suis allée jouer mon spectacle et j'ai réalisé que je ne savais pas vraiment ce qu'il s'y était passé pour que l'endroit soit si connu.
Du coup, j'ai regardé sur Internet, et je vais vous expliquer ce que j'ai compris.

L'histoire est dingue…
On est en 1858. À la base, Lourdes, c'était juste une petite bourgade basique (avec un nom limite grossophobe) : une église, une école, un Super U, la base quoi.

Mais un jour, une meuf l'a rendue SWAG

Cette meuf, c'est Marie-Bernarde Soubirous mais on la connaît aujourd'hui sous le blase Bernadette Soubirous, car à mon avis elle s'est dit : « Tiens, Marie-Bernarde, ça fait pas assez jeune, ça sonne pas assez start-up nation… »

Elle a réfléchi, et après avoir hésité avec LIL MARIE BER, MARY B FROM FAT et… CYNTHIA, elle a opté pour un pseudo chanmé : **BERNADETTE**

BOUM. Moderne. Inattendu. Ça reste bien en tête. Super boulot marketing.

Bernadette, elle avait 14 ans, elle se baladait dans la montagne avec sa sœur et une copine pour ramasser du petit bois, parce qu'elles avaient sûrement un barbeuk après j'imagine.

BERNADETTE

Moi je crois qu'à 14 ans, quand tu dis à tes parents en repas de famille que tu vas "te promener avec une copine" en général ça se termine par des expérimentations sexuelles derrière un arbre "pour s'entraîner" mais bon... C'est que mon avis.

Donc Bernadette elle est en train de galoche sa copine quand soudain : y a un coup de vent, elle tourne la tête et elle voit une lumière douce dans une grotte. Et elle, elle y va.

Donc clairement la meuf n'a jamais vu aucun *Faites entrer l'accusé* parce que moi si je vois une lumière douce au fond d'une grotte dans une montagne, j'y vais pas : je pars dans l'autre sens parce que je ne veux pas décéder… et en redescendant bien sûr je préviens les gendarmes que j'ai retrouvé Xavier Dupont de Ligonnès.

Elle, elle y va, et elle tombe pas du tout sur Xavier. ⟵ Ni sur Guy Joao.

Non, c'est une dame, en blanc, qui lui fait un signe de croix. Elle fait une petite prière, l'apparition disparaît, et Bernie raconte tout à sa frangine qui promet de rien répéter à personne, *« promis, juré, craché, attends t'es ma sœur, on se lâche pas »*.

Et évidemment, quand elle voit ses parents, la frangine BALANCE LE DOSS parce que c'est ce genre de saloperies que font les sœurs. *Bisous à la mienne qui aurait tout balancé aussi c'est sûr.*

Les deux reçoivent des coups de bâton, *karmaaaaaa bitch* et surtout, les gens ne les croient pas. On leur dit des trucs du genre :

" T'as fini tes carnavalades ? "

qui est personnellement une chose qu'on ne m'a jamais dite, et pfffff franchement comment j'aurais trop été vexée…

En tout cas, Bernadette y retourne avec des copines, et BIM, apparition de nouveau.

Mais là encore, elle est la seule à la voir, un peu comme Mark Ruffalo est le seul à voir Reese Witherspoon dans *Et si c'était vrai.* Si ça se trouve d'ailleurs l'apparition de Bernadette, c'était Reese Witherspoon.

Elle y retourne encore, et là, Reese lui dit :

Ouais on dirait un cocktail français-patois-espagnol, donc a priori l'apparition parlait espéranto, mais en gros ça veut dire : *« Veux-tu avoir la grâce de revenir ici tous les jours pendant 15 jours ? »*

Bernadette prend un temps, et répond : *« OUI. Je le veux. »*

Là, j'imagine qu'il y a eu un flashmob qui s'est lancé.
" She said yes! She said yes! "

Là, le bouche-à-oreille commence à fonctionner : de plus en plus de monde vient voir les apparitions. À la quatrième y a 30 personnes, à la septième 150, la neuvième 300, etc.

Ça a carrément fait le buzz. À la treizième apparition, y avait 1 600 personnes, à la quatorzième apparition y avait 3 000 personnes, et à la dernière : 8 000 personnes.
HUIT MILLE PERSONNES. Pour que vous ayez bien l'image en tête, c'est à peu près l'équivalent de la population de la ville de Basse-Goulaine.

Mais si, vous connaissez, Basse-Goulaine, en Loire-Atlantique... dans le canton de Saint-Sébastien-sur-Loire ... à côté de Saint-Julien-de-Concelles !

Ça fait quand même beaucoup de monde pour regarder une meuf en plein trip.

Elle, elle pleure, elle met sa main proche d'une bougie, elle explose de rire. C'est un peu comme *Le Plus Grand Cabaret du monde* mais sans Patrick Sébastien, sans Shirley et Dino, et sans intermittents contorsionnistes qui lancent des couteaux en flammes dans des costumes moulants à paillettes.

Mais faut dire aussi qu'à un moment, pendant une apparition, Reese Witherspoon a dit à Bernadette :

" Gratte ici, y'a de l'eau magique. "

Et effectivement, il y avait de l'eau magique. Les gens ont commencé à la boire, ou à se laver avec.

Quelques personnes en situation de handicap ont soudain crié : *« Oh mon Dieu je marche ! »*

Opportuniste, un mec est sorti de derrière un rocher et a dit :
« Tu marches ? OK ! Alors ce que JE veux, c'est que VOUS alliez NOUS faire gagner… »

L'eau trouvée par Bernie serait vraiment miraculeuse : c'est à cause de cette eau magique que les gens viennent à Lourdes du monde entier, avec des petites bouteilles de Cristalline vides pour les remplir d'eau de Lourdes et les donner à leur famille. ← *avec le nouveau bouchon à la con là.*

Du coup, aujourd'hui à Lourdes, pour récupérer l'eau, il y a des robinets partout ! Mais attention, pas des robinets stylés et divins, moi je pensais que les mecs iraient chez Castoche ou chez Mobalpa au moins. Nan, c'est les robinets Presto, où tu appuies dessus, comme à l'école ! Limite, moi, tu me mets un savon jaune à côté je me lave les mains dans l'eau bénite.

Ah oui, et alors depuis, a priori y a eu des enquêtes très sérieuses et il semblerait que l'apparition, c'était pas Reese Witherspoon, mais la Vierge Marie.

Depuis, Lourdes, c'est l'Euro Disney de Marie. Ben si : y a des boutiques pour ramener des cadeaux, ça clignote de partout, et de temps en temps, la vedette fait une apparition. L'Euro Disney de Marie, je vous dis !

Voilà, ça, c'était l'histoire de Lourdes, mais en Vulgaire.

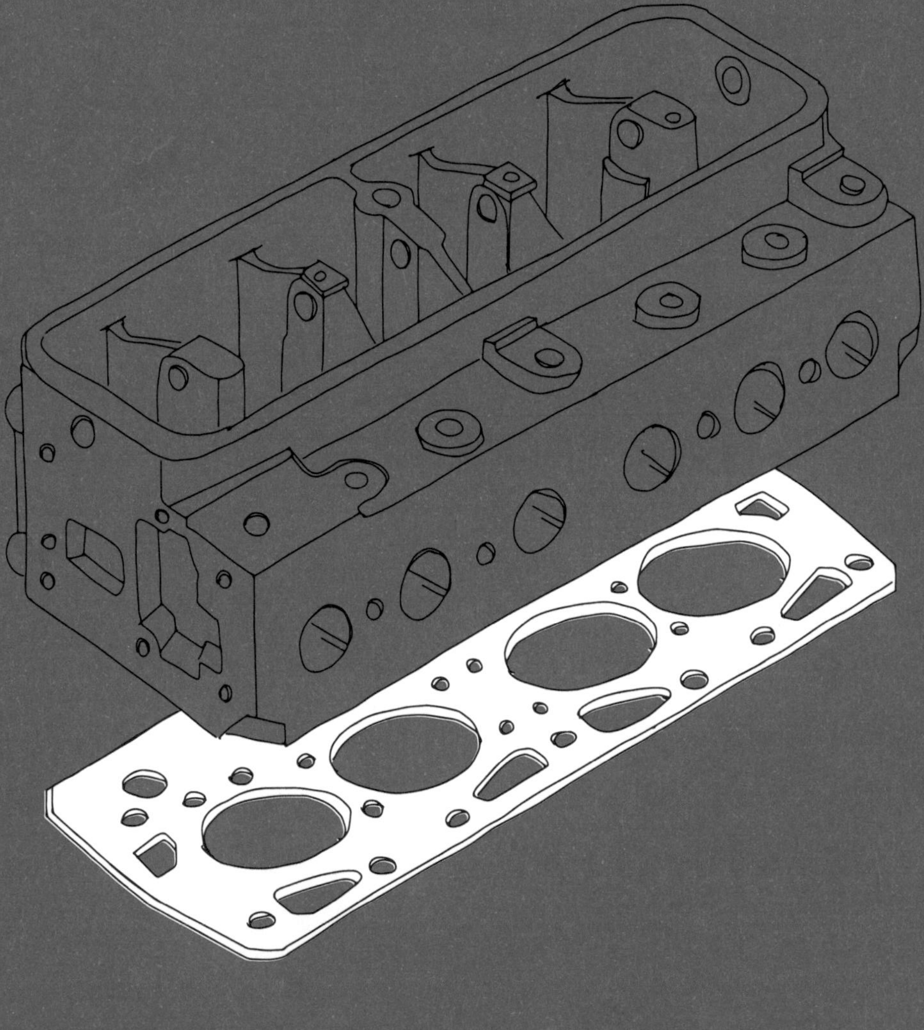

CHAPITRE 2

le joint de culasse

Dans les grands mystères de l'univers, il y a :
– Comment Thomas Pesquet prend-il ses moments d'intimité dans sa fusée ?
– Qui a volé l'orange du marchand ?
et :
– C'est quoi le joint de culasse ?

Thomas n'étant pas joignable, puisqu'il est dans l'espace, et Michal n'étant pas dispo, j'ai décidé de m'attaquer au joint de culasse, parce que moi, le joint de culasse, j'étais même pas sûre que ça existait vraiment, je pensais que ça faisait partie de la longue liste des légendes urbaines qu'on nous raconte depuis l'enfance :

Le Père Noël, la petite souris, le joint de culasse.

Salauds de parents.

Du coup, j'ai regardé sur Internet, et je vais vous expliquer ce que j'ai compris, même si franchement, en commençant ce livre, je n'avais pas réalisé que je devrais regarder autant de vidéos de mécanique où les mecs prononcent plein de phrases où j'ai pensé :

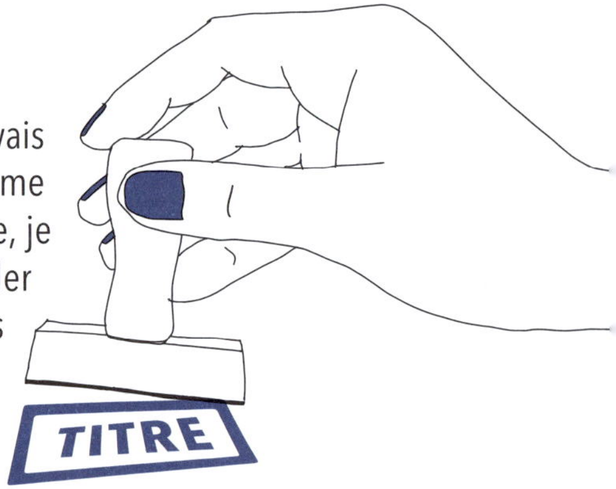

« Titre », c'est un jeu issu de la série *Brooklyn Nine Nine* : quand un personnage dit quelque chose qui peut avoir un double sens sexuel, Jake, le personnage principal, répète la phrase qui vient d'être prononcée en ajoutant ***« title of your sextape »***, « titre de ta sextape » pour les non bilingos, et donc, pour aller plus vite, en France, on dit juste : « TITRE ! »

Et dans les vidéos de mécanique que j'ai vues, y en avait vraiment beaucoup, comme par exemple :

– En nettoyant un moteur :
« On va aller tout au fond de chaque trou. »

TITRE

– En enclenchant deux parties de moteur : *« J'ai un côté qui rentre et pas l'autre. Faut arriver à les faire rentrer tous les deux en même temps. »*

TITRE

Bon enfin vous avez compris. Revenons au joint de culasse (sachez que c'est la première fois de ma vie que j'écris cette phrase) :

Première chose : figurez-vous que le joint de culasse, ça existe.

Truc de ouf.

Ça me donne pas mal d'espoir pour la suite de ma vie. Si le joint de culasse existe, peut-être que les licornes aussi.
Peut-être que Christiane Taubira sera élue présidente.
Peut-être que Fillon rendra l'argent.
Peut-être qu'on saura un jour ce que devient Laure Olivier de *Sous le Soleil*.

C'est un nouveau territoire des possibles qui s'offre à moi, je suis trop contente.

Le joint de culasse, qu'est-ce que c'est ?

C'est ça :

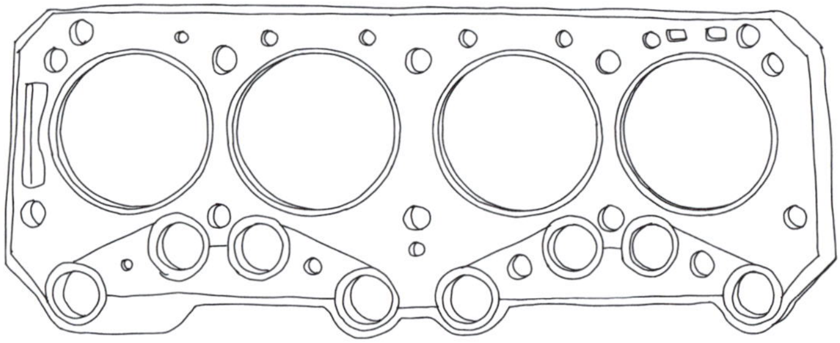

Le joint de culasse, c'est un élément très important du moteur d'une voiture, mais pas de toutes. Par exemple, il n'y en a pas dans les 2 CV. En fait, ça dépend du type de moteur.

Pour comprendre le joint de culasse, il faut comprendre comment fonctionne un moteur à explosion.

Un moteur à explosion, c'est fait de deux parties principales : un bloc-moteur, et une culasse.

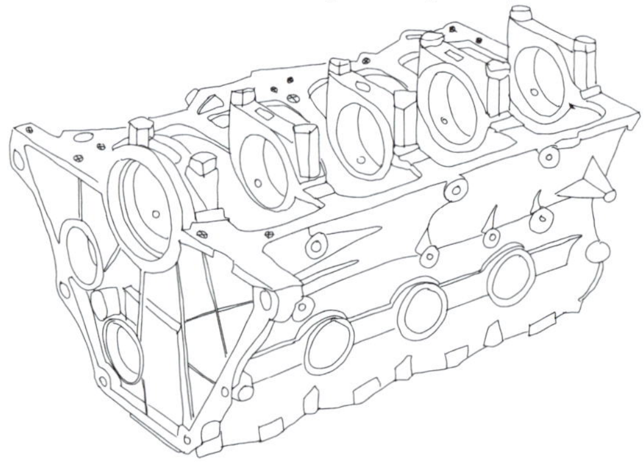

Le bloc-moteur est lui-même composé de trois éléments principaux : tout en bas, il y a le bas moteur, qui récupère et stocke l'huile, *un peu comme les fesses* puis il y a une partie avec des cylindres, qui sont comme des gros pistons ; et enfin : un VILEBREQUIN.

Alors oui, « vilebrequin », je trouve que ça fait un peu insulte de la Renaissance, genre :

" Cet homme est un fieffé vilebrequin "

ou encore :

" Va-t'en vilebrequin, je te méprise ! "

Mais point du tout. Un vilebrequin, c'est l'axe du moteur, c'est une sorte de grosse tige qui est reliée aux cylindres, comme une manivelle. Le but du moteur, c'est de faire tourner cette manivelle : c'est elle qui fait avancer la voiture. Ça et les roues. Et le volant.

Et une envie insolente de découvrir le monde, évidemment.

Pour que le vilebrequin tourne, on se sert des cylindres. Imaginez ça comme des grosses seringues. Ce qui se passe ici, c'est qu'on envoie dans une seringue un mélange d'air et de carburant. La seringue se remplit. À ce moment-là, on actionne le piston de la seringue : ça compresse le mélange air et carburant (donc pour ça la seringue se referme). Cette partie toute compressée s'appelle la « chambre des secrets ». Ah non pardon ça c'est dans Harry Potter.
Ça s'appelle la « chambre de combustion ».

Quand tout est bien compressé, le moteur crée une petite étincelle dans la chambre de combustion et le mélange explose, ça repousse le piston de la seringue qui donc se rouvre. Ensuite, on chasse le gaz brûlé issu de cette explosion vers le pot d'échappement et on recommence le bazar. On ouvre, on envoie un mélange, on compresse, on allume, ça explose, ça se rouvre, on ferme en chassant le gaz brûlé. **SIMPLE.**

Ensuite on recommence, on ouvre, on envoie un mélange, on compresse, on allume, ça explose, ça se rouvre, on ferme en chassant le gaz brûlé. **BASIQUE.**

Et on fait ça en alternant les quatre seringues, deux par deux. Quand une seringue a le piston en haut, l'autre a le piston en bas. **SIMPLE.**
Les allers et retours des pistons des seringues font tourner le vilebrequin sans s'arrêter. **BASIQUE.**

Passons à la culasse. **TITRE**

La culasse, c'est une boîte avec une tige qui appuie successivement sur des soupapes.

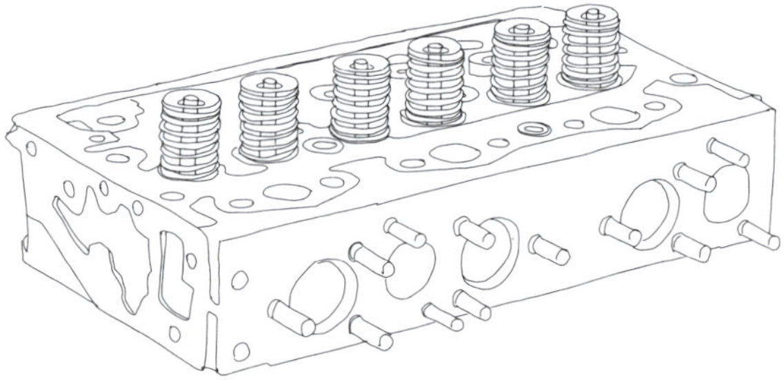

Pour chaque seringue, il y a deux soupapes :

Une soupape d'admission qui admet dans les seringues du bloc-moteur le mélange air + carbu.

ouais je dis carbu maintenant que je suis calée en mécanique.

(Cette admission ne se fait que si on s'était bien inscrit sur Parcoursup *évidemment*.)

et

Une soupape qui extrait le gaz brûlé produit par la petite explosion, et qui l'envoie vers le pot d'échappement : ce sont donc les soupapes d'échappement.

Donc pour que le moteur fonctionne, la culasse et le bloc-moteur sont collés l'un à l'autre, et échangent pas mal de fluides.

TITRE

Je sais.
C'est chaud.

Il faut absolument que les gaz chauds qui sont dans la chambre de combustion ne fuient pas pour ne pas endommager la mécanique de la voiture : c'est pour ça qu'entre ces deux parties importantes du moteur on installe un **JOINT DE CULASSE.**

Et là vous vous dites :

ENFIN, CE N'EST PAS TROP TÔT ! ELLE AURAIT DÛ APPELER CE CHAPITRE « **le moteur** » CELLE-LÀ !!!

Calmez-vous.
J'ai l'impression que le joint de culasse est pris en sandwich entre le bloc-moteur et la culasse comme vous êtes pris.e en sandwich dans vos émotions.

Revenons-en au joint de culasse.
Wow. Deuxième fois que je le dis dans ma vie. C'est à deux doigts de devenir un tic de langage, comme quand les jeunes disent « de base », ou « ouaich », ou « TMTC ».
Je ne suis clairement pas jeune.

Bref. Le joint de culasse vient garantir l'étanchéité à l'intérieur de la chambre de combustion. Il assure l'isolation des conduits de gaz et de fluides (huile, eau, carburant), et il doit résister à des contraintes importantes, notamment thermiques, mécaniques et chimiques.

→ il fait chaud quand ça explose

Le joint de culasse, c'est comme la tranche de fromage orange qu'il y a dans les burgers : c'est fin, ça fait toute la surface du burger, et c'est super important sinon ça fait pas un vrai burger.

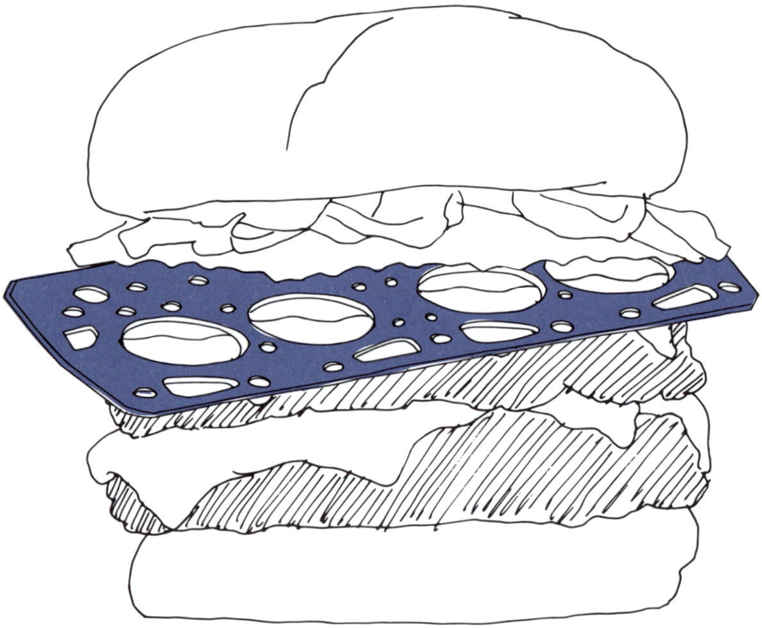

C'est la raison pour laquelle on parle autant de lui, et que ça coûte super cher de le changer : en soi, la pièce n'est ni très chère ni très complexe. Mais pour la changer, il faut démonter tout le moteur et ça c'est bien relou, croyez-moi, j'ai regardé beaucoup de vidéos, c'est super chiant à faire.

D'ailleurs, vous voulez savoir ce qu'il y a de plus chiant que de démonter un moteur ?
REGARDER QUELQU'UN QUE TU NE CONNAIS PAS DÉMONTER PUIS REMONTER UN MOTEUR SUR YOUTUBE. **ÇA C'EST SUPER RELOU**.

Heureusement qu'on peut jouer à « Titre ! » quand on les écoute.

Voilà, ça, c'était le joint de culasse, mais en Vulgaire.

CHAPITRE 3

Marignan 1515

Moi, toute ma vie, j'ai entendu des gens dire : *« Marignan ? 1515 ! »*
Mais alors, pffff, ce que ça racontait, j'en avais aucune idée.

Une bataille, selon moi, mais franchement « Marignan 1515 », je trouve que ça sonne aussi comme un nom d'album de vacances que ta mère a fait sur Photobox.

« Marignan 1515 ! Mais si, tu sais, c'était l'été où Félix a fait ses premiers pas et où Elisa s'est fait piquer par une méduse ! On avait bien rigolé !
– T'es sûre que c'était pas l'Île de Ré 1212 ?
– Nooon !!!
– La Bastille 1789 ?
– Nan non plus non, La Bastille 1789 on avait pris des coups de soleil pendant la Révolulu, tu te rappelles ? Ils n'avaient pas encore inventé la crème solaire ! »

Comme je suis pas au point sur Marignan, j'ai regardé sur Internet, et je vais vous expliquer ce que j'ai compris.

Marignan, déjà, c'est une ville. En Italie. Qui ne s'appelle même pas Marignan.

Oui parce que figurez-vous que les trucs ne se disent pas pareil en italien et en français.

Genre « parmesan », ça se dit : parmigiano
« Ostréiculteur », ça se dit : allevatore di ostriche
« Hippopotame » : ippopotamo
Et, donc, « Marignan » : Marignano

Et alors, encore pire, le nom de la ville a changé depuis, puisque maintenant ça s'appelle Melegnano.

Bon en gros : c'est à côté de Milan, et les 13 et 14 septembre 1515, y a eu une bataille entre les hommes de François Ier et ses alliés vénitiens (c'est-à-dire une armée de gars en gondoles, avec des masques et des plumes), contre les mercenaires suisses, parce que visiblement, à l'époque, les Suisses s'engageaient dans des guerres. Ils devaient pas encore avoir inventé les banques et le chocolat.

SPOILER ALERT :
Victoire de la France sur la Suisse, comme au foot. BOUYAAAA !!

Si j'ai vérifié, 16 victoires de la France contre 12 de la Suisse. Y a plus de buts aussi
REBOUYAAAA !!

Pour comprendre pourquoi y a eu cette bataille : remontons à 1262.

Le frère d'un roi, le duc d'Anjou, va à Milan avec une armée et hop : il envahit la région, tranquille, posey.
Les gens de la région n'aiment pas trop ça, être envahis, donc ils se révoltent, et les Français se font dégager. Franchement, normal.

Mais comme le royaume de France c'est un peu un *white cis man*, même si l'Italie lui a dit non et qu'il s'est fait dégager, bah il estime toujours qu'elle lui appartient, alors il insiste… et il lui fait plein de guerres pour récupérer Milan et Naples.

Vers 1500, enfin : ça marche.

Là, le pape Jules II s'en mêle parce qu'il n'est pas d'accord que l'Italie soit envahie. Il décide alors d'entrer en guerre aussi, pour dégager les Français.
Et alors le pape, il compose son équipe.

Il a cru que la guerre c'était FIFA le gars.

Il prend un peu de Suisses, un peu d'Italiens, un peu d'Anglais, un peu d'Allemands, et il appelle ça « la Sainte Ligue ».

Moi j'appelle ça l'espéranto, mais bon, j'ai pas été consultée donc on garde "la Sainte Ligue" même si mon truc était mieux, clairement.

Bref, le pape avec sa Sainte Ligue gagne, **CIAO LES FRANÇAIS.**

Janvier 1515 : François Ier arrive au pouvoir, et comme tous les Français il se dit :

Visiblement les monarques français c'était leur *kink*, genre c'est ça qu'ils tapaient sur YouPorn :

Mais François, lui, il fait un peu de diplomatie d'abord. Il rembourse les dettes que la France avait envers les Anglais, il file des terres aux Allemands, il signe une alliance avec Venise, il accepte de faire une Story pour promouvoir un truc qui blanchit les dents et commence même à négocier avec le pape, Naples, et les Suisses, mais là ça loupe.
La bataille est inévitable, et le camp français s'installe à Marignan.

La France gagne pour deux raisons :

1) Zidane ne met de coup de boule à aucun Italien, et n'est donc pas expulsé du terrain, ce qui est une chance. L'histoire prouvera que ça sera pas tout le temps comme ça.

2) François Ier mise sur trois trucs :
- L'infanterie : les soldats à pied.
- La cavalerie : les soldats à cheval.

Et surtout :
- La grosse artillerie. C'est d'ailleurs la première fois dans l'histoire que l'artillerie joue un rôle si important. Les soldats galèrent à les manipuler mais un boulet de canon, ça reste un boulet de canon, c'est plutôt efficace, surtout qu'en face, il y avait surtout des fantassins, des soldats d'infanterie quoi.

Il y a eu 16 000 morts en 16 heures de combat. Ça fait un mort toutes les 3 secondes, c'est beaucoup.

Bon mais alors pourquoi Marignan 1515 on en parle encore ?

Déjà parceque le nom est cool, avouez.

Et aussi parce que ce succès a eu plein de répercussions positives pour François Ier et la France :

- Il signe la paix perpétuelle avec la Suisse.

- Il signe aussi un petit accord de derrière les fagots avec le pape, et devient le chef des Églises en France, ce qui n'existe pas dans les autres pays.

Avec ces deux trucs-là, François Ier gagne un prestige international et place la France au cœur des politiques européennes.

La classe.

– Leonardo da Vinci ← *la tortue ninja bleue* vient s'installer en France pour être l'architecte et le peintre du royaume. C'est trop cool parce qu'en plus d'avoir gagné une bataille, la France a aussi gagné la Joconde : bien ouej Franfranprem !

Voilà, ça, c'était Marignan 1515, mais en Vulgaire.

« T'es sûre que c'était pas Hiroshima 45 ?
– Nooooon je suis sûre ! »

CHAPITRE 4

l'affaire du corbeau de Tulle

Bon, c'est bien beau d'essayer de comprendre le monde et son fonctionnement, mais j'ai décidé qu'il était temps qu'on se détende un peu dans ce livre si complexe et intellectuel, pour résoudre ensemble une affaire qui a défrayé la chronique au début du XXe siècle : *l'affaire du corbeau de Tulle.*
Et pour encore plus de suspens, je ne vais pas vous dire tout de suite qui est le ou la coupable…

TIN TIN TIIIIIIN

Le « corbeau de Tulle », c'est une personne qui a envoyé BEAUCOUP. BEAUCOUP. BEAUCOUP. de lettres anonymes, entre 1917 et 1922.

Au cours de l'affaire, plus de deux cents personnes en ont reçu. Ce que le coupable a envoyé sur 5 ans, c'est l'équivalent d'une demi-journée de boulot d'un *hater* sur Twitter aujourd'hui : c'est énorme.

Tout commence en décembre 1917 :
Le premier homme à en recevoir une, c'est Jean-Baptiste Moury. Il a 40 ans, et dans ce que j'ai lu ou entendu, on le décrit comme un *célibataire convoité* qui travaille à la préfecture de la ville de Tulle où il est chef de service.

Là vous vous dites : *« Waw, pas mal, un fonctionnaire ! Il doit être solvable… »*

Calmez-vous, il vit encore chez sa mère, il a une maîtresse avec qui il a une fille qu'il n'a pas déclarée à la mairie, et évidemment il n'a pas dit à sa maman qu'il était père parce que : bah, gros connard sûrement.

Un jour, donc, il reçoit une lettre anonyme qui dit :

"N'épousez pas Mademoiselle Laval qui a des vues sur vous, c'est une sirène, une charmeuse qui vous rendra malheureux."

Le vocabulaire des trolls était beaucoup plus chic qu'aujourd'hui.
Aujourd'hui ils disent : *« Elle est moche, elle devrait sucer son père et se suicider, dans l'ordre qu'elle préfère »*, et personne ne réagit.
Il y a cent ans, on disait : *« Hmmm c'est une charmeuse, une sirène »*, et les gens faisaient : *« OH LA LA COMMENT IL L'A BÂCHÉE. »*

Mademoiselle Angèle Laval, la sirène en question, est une employée de bureau qui travaille avec lui à la compta. Il semblerait qu'effectivement elle a eu un petit *crush* pour lui, mais bon… il l'a collègue-zonée. Elle a 31 ans, elle est très discrète, et à l'époque, tout le monde dit que c'est une *vieille fille qui finira seule.*

Vous avez vu la différence de traitement ? À 40 ans, Moury, qui vit chez ses parents, qui déclare pas sa fille alors qu'il est toujours avec la mère, on dit que c'est *« un célibataire convoité »*. Angèle, de son côté, a 31 ans, vit avec sa mère mais n'a omis de déclarer personne, et on dit que c'est une *« vieille fille qui finira probablement seule »*.

Bon bref Moury va voir Angèle qui lui dit :

"Mais laisse-moi
te chanter
-é-é-é-é-é
D'aller te faire
en hm hm
hm hm hm"

Non, mauvaise Angèle.

Elle lui dit : *« Truc de ouf, ma mère en a reçu une et moi aussi ! »*, et elle lui montre la sienne.

Elle n'en avait parlé à personne, alors ils décident de brûler les lettres et d'oublier cette histoire.

Quelques jours plus tard, Angèle reçoit une nouvelle lettre :

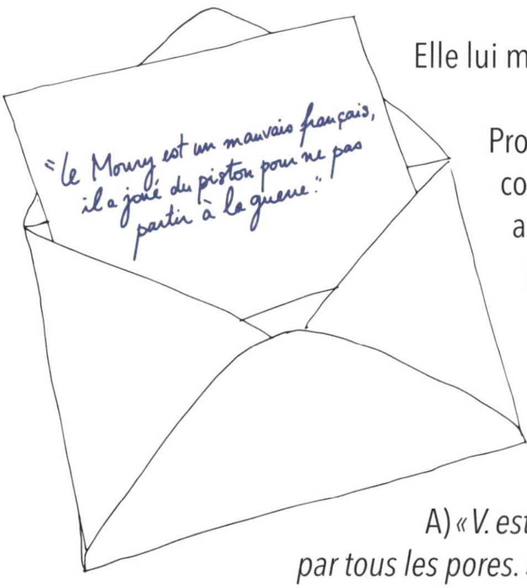

Elle lui montre la lettre, il la brûle de nouveau.

Progressivement, d'autres habitants de la ville commencent à recevoir des petits courriers aussi et c'est assez croustillant. Des courriers, parfois très courts, parfois très longs. TITRE

Allez, on fait un petit jeu !
Une de ces lettres est fausse, c'est moi qui l'ai écrite, à vous de trouver laquelle :

A) *« V. est un sale et hideux individu qui sue l'hypocrisie par tous les pores. »*

B) « *Prenez garde à votre mari qui vous cocufie avec la femme du préfet cette poule sans honneur incapable de pondre et qui profite aussi des faveurs de notre curé manqué.* »

C) « *Madame F. est une salope, une voleuse de beurre (un jour de "mai 1919") chez la fruitière de la place Gambetta ! Sales dévotes. Diables de bénitier.* »

D) « *Ta chienne d'épouse est passée maîtresse dans son art et experte à satisfaire les caprices de ses clients mâles. [...] Si tu n'avais pas les reins aussi usés, ta femme ne serait pas obligée de recourir aux services du balayeur municipal !* »

Et mon pref :

E) « *Joseph est atteint d'une infirmité : il pète. Qu'il prenne garde le jour de son mariage de ne pas avoir la colique comme il l'eut un après-midi où il avait rendez-vous dans les bois de la Bachellerie avec une certaine dame de Tulle qui trompe sans scrupule son mari (c'est la mode et ça s'est beaucoup fait cet hiver). Ce jour-là, il s'essuyait avec des feuilles de chêne.* »

La bonne réponse est la B.

On peut dire ce qu'on veut y a quand même un talent, y a une poésie de la connardise ou de la connassité. C'est très imagé, très vivant, on dirait Christiane Taubira si elle avait le droit de dire ce qu'elle pense de certains politiques.

Certaines lettres font trois lignes mais parfois le corbeau envoie deux pages écrites en très petit. Ce sont des flots d'insultes illisibles, des diarrhées verbales, mais manuscrites.

Au départ, ces lettres arrivent par le courrier classique, mais assez vite les bureaux de poste sont surveillés, évidemment. Le corbeau change alors de tactique. On trouve ses lettres un peu partout, il en dépose sur les fenêtres, ou directement dans les boîtes aux lettres. On en trouve dans les paniers au retour du marché,

sur des bancs dans la rue, sur des bancs de l'église avant la messe.
Donc les gens, ils sont à la messe, mais en même temps ils veulent un peu savoir, donc entre deux prières pendant le sermon, hop, ils ouvrent le courrier pour connaître les potins.

Les révélations du corbeau sont parfois vraies, mais y a quand même plein de trucs qui sont inventés.

Je ne vous cache pas que ça commence à mettre une ambiance merdique à Tulle, tout le monde se regarde un peu de travers. Un jour, le corbeau colle même une affiche sur la porte du théâtre où il nomme 14 gens importants de la ville + le nom de leurs maîtresses.

Le corbeau ne lâche pas Jean-Baptiste Moury, ni Angèle Laval, car les courriers trouvés partout dans la ville parlent toujours un peu d'eux, et les insultent régulièrement.

Le temps passe, et Jibé rencontre une meuf qu'il veut épouser : une dactylo du boulot, qui est jeune et sympa, qui s'appelle Marie-Antoinette Fioux. Il rompt alors avec sa maîtresse, déclare sa fille, et donne 5 000 francs de pension à son ex. Le droit chemin.

De son côté, Angèle se dit *"non mais à quoi booon"* parce qu'elle reçoit beaucoup de lettres, à tel point qu'elle a fini par démissionner de son job à la préfecture parce que les gens la regardaient mal : ambiance merdique au boulot, surtout qu'ils ont pas les chèques vacances, pas les tickets resto, et qu'ils n'ont jamais fait de flashmob en team building. NUL

Faut savoir que Marie-Antoinette Fioux, quand elle rentre dans la vie de Jibé, elle se prend des RAFALES d'insultes, beaucoup de lettres disent : *"Il ne faut pas que Moury épouse Fioux, parce que c'est une catin, elle a été élevée à l'américaine."*

Même le préfet est saoulé, alors il convoque Jibé et lui dit : *« Mais mariez-vous, qu'on en finisse ! »* Il craque le gars.

L'opinion publique pense que ces courriers sont des subterfuges pour forcer le mariage de Moury avec Marie-Antoinette, donc que Marie-Antoinette est la personne à qui profitent ces lettres. Les gens commencent à l'insulter dans la rue, à refuser de la servir dans les commerces, tellement ils sont sûrs que c'est elle.

Surtout que du jour au lendemain, le corbeau commence à signer ses lettres. Il prend un nom d'auteur, il devient :

L'Oeil de tigre

Ça accentue le trouble pour les gens parce que justement, Marie-Antoinette a une bague avec une pierre qu'on appelle *« un œil-de-tigre »*. COMME PAR HASARD !

Le mariage finit par avoir lieu et L'Œil de tigre s'en félicite, bonjour la cohérence, surtout que SELON LUI, Marie-Antoinette est super, *« c'est pas comme Angèle Laval ou madame F. »*…

On découvre d'ailleurs progressivement que L'Œil de tigre a son petit égo… Lorsqu'il parle de lui, il dit des trucs du genre :

"Je suis L'Oeil de tigre, je ne tiens ni dieu ni diable, malheur à mes ennemis.
Je suis moi, L'Oeil de tigre, le Lucifer de Tulle,
Devant moi écartez-vous,
Pardonnez-moi, je suis un fou, un détraqué, un dégénéré.
Je suis L'Oeil de tigre. Devant moi : prosternez-vous."

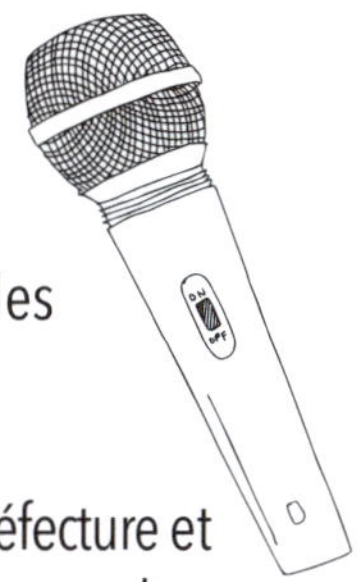

Mais franchement, on dirait trop un rappeur quand les rappeurs font des phases sur eux-mêmes, même son blaze on dirait un nom de rappeur.

Grosso modo, les courriers sont tous vulgaires et ça parle de cul. Moury, la préfecture et le frère d'Angèle finissent par porter plainte, surtout qu'un jour, le 24 novembre 1921, L'Œil de tigre écrit pour dire :

"L'Oeil de tigre c'est moi, Marguerite Gilbert." MAIS C'EST PAS ELLE.

Roméo Elvis

Le mari de Marguerite Gilbert est greffier à la préfecture, et il ne supporte pas que sa femme soit suspectée. Il décompense total, et on l'envoie dans un asile, où il se suicide. Les autorités maquilleront ce suicide en disant qu'il a fait une congestion cérébrale au cours d'une crise de démence le 24 décembre 1921.

Énorme émotion dans la ville de Tulle, parce que jusque-là c'était chiant mais pas hyper grave. Là, d'un coup, indirectement, il y a un mort.

Cette histoire commence à éveiller l'intérêt de la presse nationale qui déboule à Tulle et qui se régale.
Les autorités finissent par envoyer un juge, le juge Richard, pour s'occuper de l'affaire, mais il galère un peu, il n'a de preuves pour rien.
Il tente toutes les techniques possibles en se disant : *« Mais QUI pourrait régler cette affaire, qui ? MAIS BIEN SÛR ! PATRICK JANE, LE MENTALISTE ! Il saurait quoi faire, lui ! »*

Et donc il fait venir un médium, puis un hypnotiseur.

Ça ne fonctionne pas : dans un des articles de journaux, on peut lire comment s'est passée la séance :

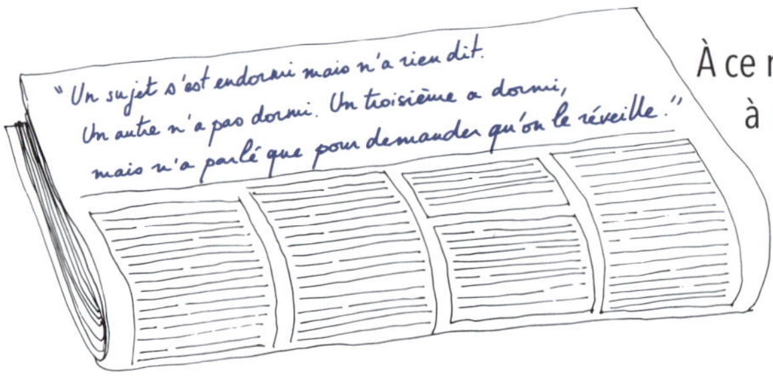

À ce moment-là, L'Œil de tigre commence à relâcher un peu sa vigilance et fait des boulettes, et c'est la raison pour laquelle je vais être obligée de vous révéler son identité sur la prochaine page…

Note le nom du ou de la coupable ici :

LA COUPABLE, C'EST…
C'est…

ANGÈLE LAVAL

Elle laisse donc des indices malgré elle : le curé va chez sa mère et voit une lettre pas finie; son frère va à la police et dit : *« Ma sœur m'a raconté que Machine et Machine ont reçu des lettres qui disaient ça et ça »*, sauf que Machine et Machine n'en avaient parlé à personne.

Roméo Elvis

J'aime beaucoup cette blague je ne vais jamais la lâcher.

GRILLÉE !

Depuis quelque temps, la presse était sûre qu'Angèle Laval était coupable, mais pour le prouver, le juge et la population font appel à un truc qui vient d'être créé en France : la police scientifique. Ils se cotisent, et *Les Experts : Tulle* déboulent et réussissent à prouver qu'Angèle est la coupable.

Mais comment ? Oui encore un jeu !!!

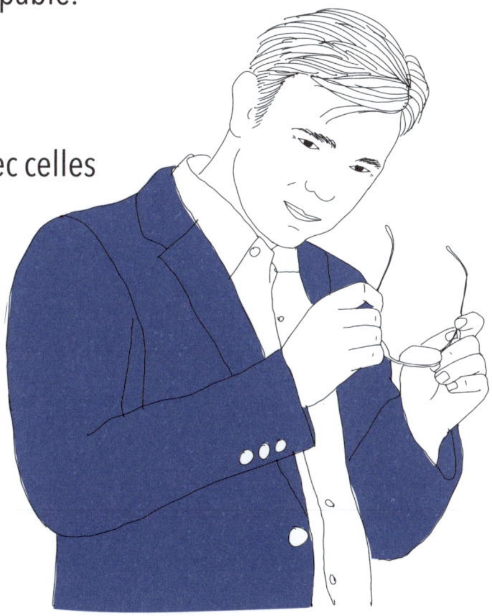

A) Ils comparent ses empreintes digitales avec celles trouvées sur les lettres.
B) En coloriant au crayon de bois son papier à lettres, pour voir les écritures de la feuille précédente, technique aussi dite « du post-it ».
C) Une dictée pour comparer les écritures.
D) Ils s'agenouillent, puis enlèvent leurs lunettes d'aviateur, REGARDENT AU LOIN et disent :

« Je sais qui est la coupable. »

OUI, une dictée ! En fait, Edmond Locard de la police scientifique a créé la graphométrie, l'expertise en écriture. Il convoque 8 femmes : Catherine Deneuve, Fanny Ardant, Firmine Richard, Ludivine Sagnier…
Ah non pardon ça c'est le film de François Ozon. Bon en tout cas il convoque 8 femmes.

Angèle est la première à passer, et on lui fait écrire des trucs pendant 1 h 30 : de la main gauche, de la main droite, etc. Au début, elle camoufle son écriture mais au bout d'un moment, elle relâche son attention.
Les résultats sont longs à venir, alors la presse les attend pas et condamne Angèle. Bon cette fois c'était vraiment elle, c'est pas comme quand la presse a annoncé que Dave était mort ou qu'on avait retrouvé Dupont de Ligonnès…

À la lecture de la presse, Angèle et sa mère se disent : *« Oh la la c'est super la honte, il faut qu'on se suicide. »* Elles vont à un étang tout proche, se ligotent, la mère saute, elle se noie. Angèle attend d'apercevoir des paysans pour se jeter à l'eau, et appelle à l'aide. Elle est sauvée par des paysans. Suicide loupé.

Après son inculpation, elle passe quelque temps en prison en attendant le procès et finit à l'asile de Limoges, où elle tente à nouveau de se suicider en se jetant sous un train, mais elle se loupe encore.

Le 4 décembre 1923, elle est jugée à Tulle, où elle arrive toute de noir vêtue, avec un chapeau qui a une grande plume noire.

La presse la surnomme LE CORBEAU, et c'est depuis ce jour qu'on appelle les auteurs de lettres anonymes : les corbeaux.

Le 20 décembre, elle est condamnée à 200 francs d'amende pour chaque partie civile et à 1 mois de prison. Tout ça pour ça. C'est comme si aujourd'hui elle devait faire un Paypal de 20 euros au ministère de la Justice.

Elle est morte à Tulle en 1967 à 81 ans, elle sortait plus, on disait même que la croiser portait le mauvais œil.

Pour terminer, je dirais que c'est quand même triste, parce que la meuf avait trouvé un pseudo canon :

L'Oeil de tigre COOL

Et on lui a donné un surnom tout pété :

NUL *Le Corbeau de Tulle*

Voilà, ça, c'était l'affaire du corbeau de Tulle, mais en Vulgaire.

CHAPITRE 5

Raspoutine

Raspoutine, c'est un chapitre que je voulais absolument écrire, mais j'y arrivais pas parce que rien qu'en voyant ses photos, le gars me faisait flipper. Surtout ses yeux, son regard. Dans ma tête c'était forcément un méchant, Raspoutine, alors je me suis dit : si je fais ce thème, va falloir que je le fasse en journée parce que sinon je me connais, je vais faire des cauchemars.

Du coup, j'ai regardé sur Internet aux heures d'ouverture des bureaux de poste, c'est-à-dire après 8 h 30 et avant 16 h 30, et je vais vous expliquer ce que j'ai compris.

J'aimerais trop vous dire " Grigori Efimovitch Raspoutine est né le 19 mars mille quelque chose" mais il est né au milieu de la Sibérie et l'état civil là-bas à l'époque, c'est comme mes connaissances en astrophysique, c'est approx.

Il serait donc né le 9 janvier 1869. Mais peut-être avant, ou peut-être après. *(Si je donne autant d'importance à ce mini-détail, c'est que je suis contente de dire que je vous donne une info approx mais que pour une fois c'est pas parce que j'ai pas compris.)*

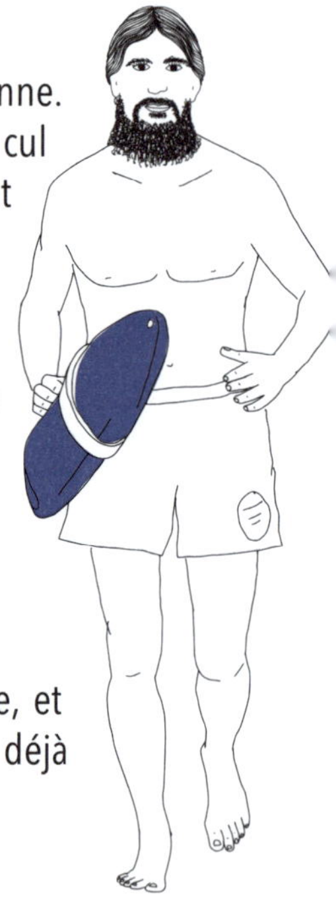

Raspoutine grandit en Sibérie, où ce n'était pas la grosse déconne. C'était même carrément la misère. Heureusement, il est cul et chemise avec son frère qui, un jour, sûrement pendant qu'ils cherchaient ensemble des Pokémons rares dans des endroits improbables, tombe dans une rivière, dont l'eau est très très très très très très froide. ← rapport à la Sibérie.
Si vous vous demandez à quel point c'est froid l'eau de la Sibérie, imaginez la relation entre Garou et un sirop pour la toux. Vous l'avez ? Oh c'est très froid.
Heureusement, Grigori l'alertamalibute : il saute dans la rivière au ralenti et le sauve.

Manque de bol, ils chopent tous les deux une pneumonie, et Andrei meurt. À partir de là, le petit Raspoutine, qui était déjà chelou, devient encore plus chelou.

En grandissant, il est de plus en plus mystique :
- Il voit la Vierge.
- Il lit beaucoup BEAUCOUP la Bible.
- Il se force à porter une espèce de collier/ceinture en chaînes avec des grosses croix, qui a pour but de meurtrir la chair.
- Il part marcher deux ans pieds nus.

Et de temps en temps :
- Il s'autoconfine dans la cave de son père pour se mettre à l'épreuve et ne pas subir les tentations de l'extérieur.

Là, normalement, on se dit : "Je pense qu'il est un peu taré."
Eh bien non, les gens se disent : *« C'est un maaaaage. »*

A priori, il aurait effectivement des talents de guérisseur, il fait un peu de voyance en freelance aussi, mais il lance peu de vannes en revanche. Dans rien de ce que j'ai vu ça disait : *« Il t'exorcisait, certes, mais toujours avec bonne humeur ! »*

Très croyant, il a une vision de la Bible un peu particulière, puisqu'il faisait partie d'un courant de pensée, d'une secte quoi, qui estime que le Paradis existe, mais que pour y aller, il faut… baiser.
Énormément.

D'ailleurs avec ses amis, ils s'y adonnent pieusement puisqu'ils prônent l'utilité de ce qu'ils appellent « les mêlées du péché ». ← Des orgies quoi.

Il finit par se marier, avoir des enfants, et il déménage avec sa famille à Saint-Pétersbourg en 1904, où il demande l'hospitalité à l'académie de théologie, qui accepte bien gentiment. Raspoutine devient la mascotte de l'endroit, vu que tout le monde se dit : *« Il a du talent. Il ira loin. J'ai été touché par son énergie. Raspout', c'est quatre bleus, tu pars à Baltard. »*
Quadricolore. Les quatre couleurs primaires.

À partir de là, il adopte la même barbe que Florent Pagny, mais je vous rassure, il ne change pas son petit rythme de vie et il baise à tout-va. On ne lui enlève pas sa liberté de penser.

Ni de boire d'ailleurs : il est clairement alcoolique.

Néanmoins, le chef de l'académie de théologie s'entiche de lui et le présente au tout Saint-Pét', y compris à une cousine de la tsarine.

Ah oui, pour info, au début du XXe siècle, toutes les Russies sont dirigées par une famille impériale : la famille Romanov. Il y a un tsar, une tsarine, un petit tsarévitch, Alexis, et quatre princesses (même si on ne dit pas princesse mais « grande duchesse ») : Olga, Tatiana, Maria, et… et… et…

ANASTASIA ! Anastasia du film *Anastasia !*

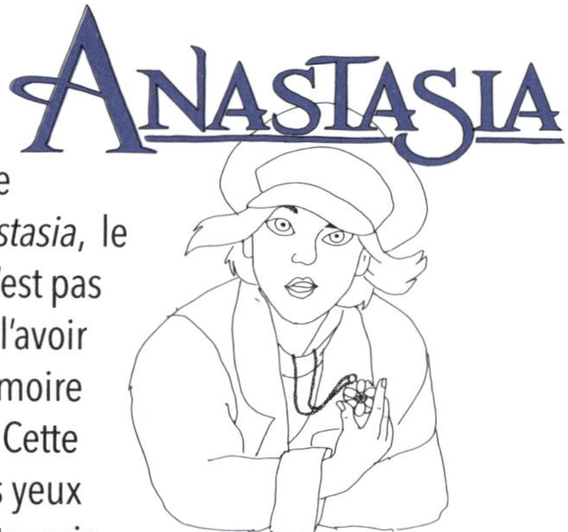

C'est pour ça que je pensais que Raspoutine était méchant ! Parce que dans le film *Anastasia*, le méchant, c'est Raspoutine ! L'histoire du film n'est pas une histoire vraie mais comme quoi, le fait de l'avoir vu enfant a gravé quelque part dans ma mémoire que Raspoutine était un super vilain… Cette impression a sans doute été influencée par ses yeux flippants, et son allure de mec qui s'apprête à être pris en main par Cristina Córdula dans *Nouveau look pour une nouvelle vie*.

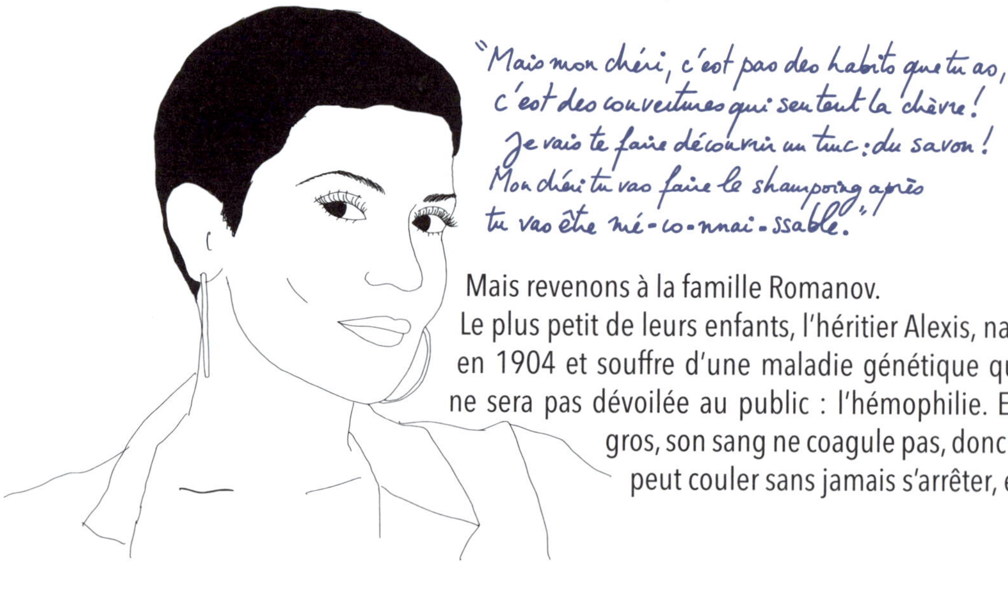

Mais revenons à la famille Romanov.
Le plus petit de leurs enfants, l'héritier Alexis, naît en 1904 et souffre d'une maladie génétique qui ne sera pas dévoilée au public : l'hémophilie. En gros, son sang ne coagule pas, donc il peut couler sans jamais s'arrêter, et

si le sang reste dans le corps, ça crée une hémorragie. Dans tous les cas, ça peut vite être dramatique. À cette époque les enfants qui souffraient de cette maladie ne vivaient pas longtemps. Évidemment, il est surprotégé, et *puisqu'on sait par je ne sais quel miracle* que c'est sa mère qui lui a filé ça, elle culpa ×8 000 et teste toutes les médecines possibles pour soulager son fils.

Un jour où Alexis est malade, toute la famille est vraiment inquiète. On leur parle alors de Raspoutine, un mec chelou qui pue le bouc, mais qui serait guérisseur, un peu chaman sur les bords, et qui aurait des visions.

Intrigué.e.s, on le fait venir au palais pour qu'il voie le petit malade. Il lui parle, l'apaise, pose ses mains sur son torse, et recommande qu'on ne lui donne plus de médicaments. Quelques jours plus tard, le petit garçon est sur pied.

MIRACLE

Instantanément, Raspoutine est considéré par la famille impériale comme le nouveau Jésus.

Cette guérison viendrait du fait qu'il ait interdit de donner de l'aspirine au petit garçon : on sait maintenant que ce médicament est contre-indiqué pour cette maladie, car il fluidifie le sang, et aggrave l'hémophilie.

C'est grâce à cela que Raspout' rentre dans la maison des Romanov, sur laquelle il va avoir une influence très importante. Au départ, il est là seulement pour soigner le fils des époux impériaux, mais très vite il commence à donner son avis sur tout : sur les gens, sur la politique, tout.

Il devient la coqueluche du tout Saint-Pét', tout en continuant les orgies. On raconte alors qu'il a un pénis de 30 cm.

Il boit énormément et ça fait scandale, mais au palais, le tsar et la tsarine lui font confiance. Évidemment, il est suivi par les services secrets et haï par beaucoup de monde, notamment des politiques qui s'inquiètent de la place qu'il prend.

De son côté, Raspoutine s'en tape du qu'en-dira-t-on, et continue son petit bazar : il prédit des trucs, soigne des gens, et s'occupe toujours du petit Alexis.

Une fois, le tsarévitch tombe dans un voyage en Pologne, et est victime d'une hémorragie interne très grave.
Raspout' envoie alors un télégramme à la tsarine en disant *« je m'en occupe, je vais le faire à distance, t'inquiète »*, et pouf Alexis se remet miraculeusement, encore.

REMIRACLE

Des rumeurs racontent qu'il couche avec la tsarine; a priori, c'est faux. Cela n'a pas empêché Boney M. de colporter des mensonges dans la chanson qui dit :
RA RA RAPOUSTINE, LOVER OF THE RUSSIAN QUEEN.
Vous avez vu, j'ai juste écrit les paroles de la chanson et pourtant vous l'avez quand même dans la tête pour trois jours. Ne me remerciez pas.

Raspoutine se mêle de tout pendant des années, et c'est pour ça qu'il est détesté mais j'ai cru comprendre que rétrospectivement, ses conseils étaient plutôt bons. Par exemple il détestait la guerre, et a essayé de freiner l'entrée de la Russie dans la Première Guerre mondiale… des gens ont d'ailleurs pensé qu'il était un espion qui voulait signer une paix séparée entre la Russie et l'Allemagne. Mais ça aussi, c'est faux.

Finalement, il est poignardé par une dame qui lui en voulait et la guerre a lieu. S'il n'avait pas été en convalescence, peut-être que l'histoire aurait été différente…

Le tsar Nicolas part donc au front et laisse sa meuf gérer l'empire à Saint-Pét', et bien sûr Raspout' est dans les parages.
Là, c'est trop, le président de la Douma se dit qu'il est vraiment gênant et qu'il est temps que quelqu'un lui fasse sa fête. ← le parlement

Alors il dit dans une soirée : "Aaaaah si j'étais plus jeune, je le tuerais… Personne n'est assez courageux pour le faire…"
Dans l'assemblée, quelqu'un se dit : c'est mon moment.

Ce mec, c'est le prince Félix Youssoupof, un mec jeune, assez intelligent, hyper beau gosse, bisexuel mais marié avec une femme, qui culpabilise parce qu'il a pas été mobilisé pour la guerre. Il se dit :

« Je vais tuer Raspoutine ce chien de la casse et je vais devenir une vedette !
LA RUSSIE A UN INCROYABLE TALENT, ET C'EST MOI, BITCHES. »

Pour le tuer, avec ses complices, il a un plan imparable : il l'invite à COUCHER AVEC SA MEUF.
Raspoutine, on le sait, il est très pieux donc il accepte et il dit :

« OKAY je viens. Je suis obligé de me laver ?
Non ? Tant mieux. »

Nous sommes le 16 décembre. Raspoutine arrive, s'installe dans la cave où il y a une espèce de salle à manger et Félix lui dit : *« Avant de baiser ma meuf tu veux pas un petit biscuit ? »* Raspoutine le regarde et au lieu de trouver ça chelou, il accepte sans savoir que ces biscuits avaient été cuisinés avec du cyanure.

Normalement, il aurait dû mourir sur le coup, et les policiers auraient dû arriver et dire :
« Oh mon Dieu, Raspoutine est mort ! Quelle est l'arme du crime ?
– Un Petit Lu, inspecteur…
– Quel calibre ?
– Au beurre.
– C'est les pires. Sale histoire. »

Mais Raspoutine ne meurt pas, et reprend plusieurs gâteaux, sans mourir.

Au bout de deux heures, Félix commence à avoir les pétoches, et Raspout' à se dire que bon, c'est sympa de parler de la pluie et du beau temps, mais il aimerait bien baiser sa femme. Là, Félix sort son flingue et lui tire dessus au niveau du torse. Raspoutine s'effondre.
Avec ses complices, Félix checke qu'il est bien mort. La balle a traversé le cœur, tout le monde remonte à l'étage pour fêter ça, et le prince Félix se dit qu'il a un doute, alors il redescend à la cave et il vérifie une seconde fois que Raspoutine est bien mort.

À ce moment-là, ses yeux s'ouvrent, il se lève d'un bond, se jette sur le prince Félix et tente de l'étrangler. Ils se battent violemment, et Félix réussit à rejoindre l'étage pour prévenir ses potes. Là, ils redescendent avec des armes dangereuses : des flingues, des Pims, des Oréo… ← *Que du gros calibre.*

Lorsqu'ils arrivent à la cave, Raspoutine est en train d'essayer de s'enfuir par une porte qui est normalement fermée, mais là elle s'ouvre. Il s'échappe dans la nuit, tandis que ses adversaires le poursuivent et lui tirent dessus. Ils le touchent à plusieurs reprises, ils le rattrapent et lui tirent une balle dans la tête, pour être sûrs que cette fois, il soit bien mort. Enfin, ils émettent un Choco sur lui, parce qu'on ne sait jamais.

Ils le roulent dans son manteau, le ligotent, font un trou dans le fleuve gelé qui s'appelle la Néva, et le jettent depuis un pont. ← *C'est le grand Grégori.*

Son corps est retrouvé quelques jours plus tard, avec les bras sortis des liens, et l'autopsie montre… tenez-vous bien… qu'il avait de l'eau dans ses poumons. Ça veut donc dire qu'il n'est pas mort des quatre balles dont une dans le cœur et une dans la tête, mais bien : par noyade. Raspoutine, c'est comme la carrière de Manuel Valls, tu crois que c'est fini et en fait il revient toujours à la vie.

Pour terminer, figurez-vous que quelques jours avant sa mort, Raspoutine avait écrit au tsar une petite lettre qui disait : « *J'ai le sentiment que je perdrai la vie avant le 1er janvier. Tsar de la terre russe, si tu entends sonner la cloche qui t'annoncera que Grégori a été tué, sache bien ceci : si ce sont des personnes de ta parenté qui ont comploté ma mort, alors aucun membre de ta famille, c'est-à-dire si bien tes enfants que tes proches parents, ne vivront au-delà de deux ans. Ils seront tués par le peuple russe. Et si c'est les autres, bah, ça va, tu risques rien. P.S. : attention, si tu vois des Dinausorus et des Sprits, ça peut être dangereux. »*

Il avait aussi dit à la tsarine :
« Je mourrai dans des souffrances atroces. Après ma mort, mon corps n'aura point de repos. Puis tu perdras ta couronne. Toi et ton fils vous serez massacrés ainsi que toute la famille. Après, le déluge terrible passera sur la Russie. Et elle tombera entre les mains du Diable. »
En tout cas ça devait toujours être sympa de bavarder avec lui, c'était un gars positif qui savait toujours voir le bien partout, ça se sent…

Raspoutine a été tué par un membre de la famille impériale, et sa prophétie macabre s'est réalisée. Les Romanov ont tous été tués en 1918, et effectivement, son corps n'a pas eu de repos parce que son pénis a été prélevé et momifié et il est actuellement visible dans un musée de l'érotisme à Saint-Pétersbourg.

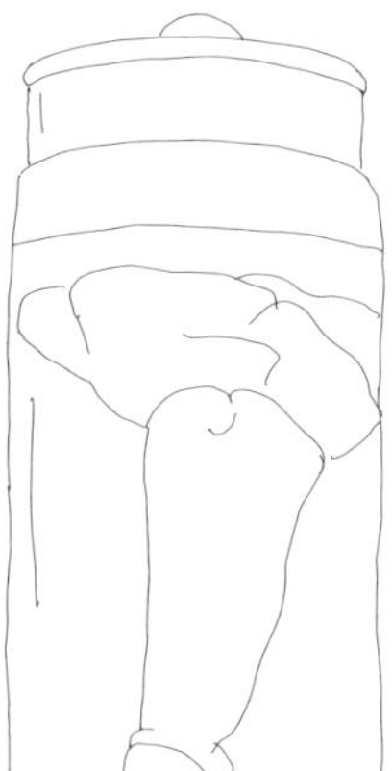

Quelque temps après sa mort, on a ordonné de brûler son cercueil et la légende dit que seul le cercueil a brûlé, et pas son corps…

FLIPPANT

Si j'ai bien compris, il a vraiment manipulé le tsar et il menait une vie de débauche mais maintenant les gens disent qu'il faut le réhabiliter, parce qu'il n'était pas si diabolique que ça…
Il y a énormément de théories sur sa mort et on se pose encore plein de questions :
- Pourquoi n'est-il pas mort à cause du cyanure ?
- Pourquoi la balle dans la tête ne l'a-t-elle pas tué ?
- Les services secrets anglais l'auraient-ils exécuté ?

Je vous laisse aller checker ça sur les Wikipedia de Raspoutine, de son assassinat, ou… de son pénis.
Ouais. Son pénis a un Wikipédia.

Dans les dents Rocco Siffredi.

Voilà, ça,
c'était Raspoutine,
mais en Vulgaire.

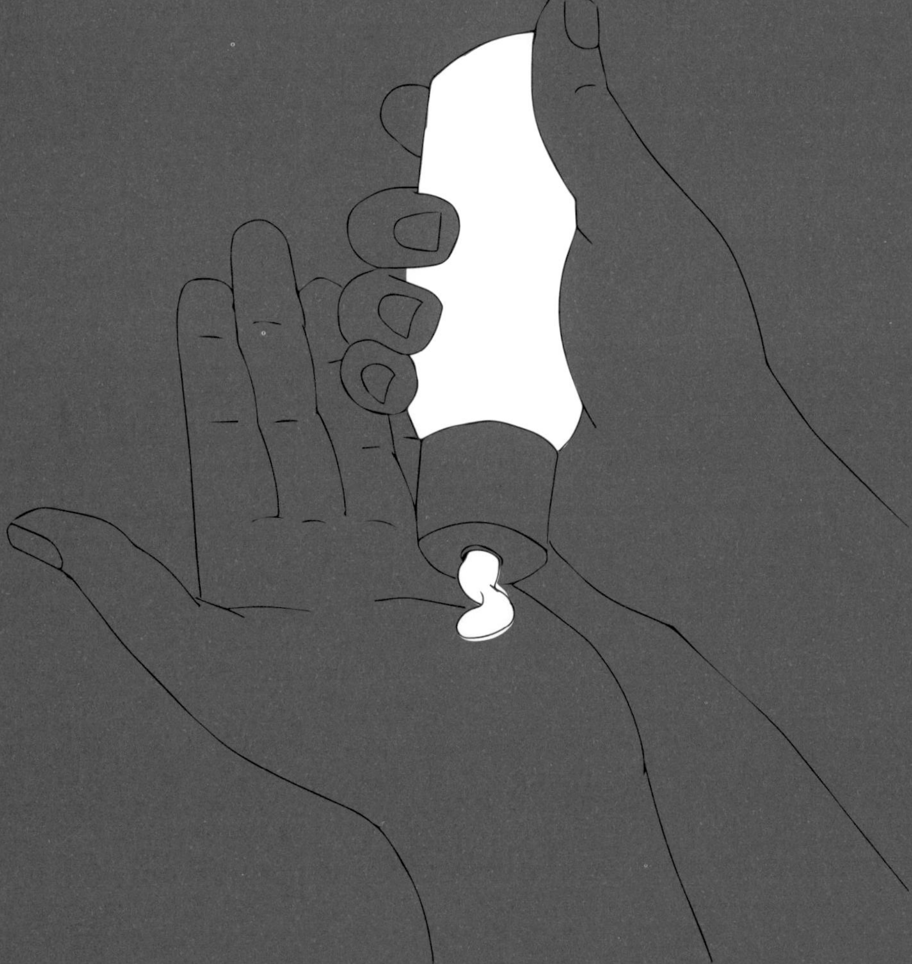

CHAPITRE 6

les UV

À l'heure à laquelle je vous parle, l'actualité, c'est :
La plage, les mini Magnums, les Cornettos, les Mr Freeze, les barbecues, les boutons de moustiques, les apéros dehors, les traces des chaises sur les cuisses, les shorts, les cuisses qui frottent, les bouchons sur l'autoroute du Soleil, les lunettes de soleil, les coups de soleil, et en fait, en vrai, tout simplement, le Soleil.

Et qui dit soleil dit…
Bah déjà, cette casseuse d'ambiance de Nicoletta :

Grosse casseuse d'ambiance…

Mais surtout dit : Richard Cocciante !

Merci Richard. Je suis mitigée sur ta chanson parce que c'est bien l'amour, mais ce n'est pas bien, les coups de soleil.

Moi des coups de soleil j'en prends tout le temps, pourtant je mets de la crème. Je me suis donc dit : ENCORE UNE ENQUÊTE À MENER ! Alors dans ce chapitre, on va se demander : c'est quoi les UV ? Ça veut dire quoi les numéros sur les crèmes solaires ? Comment on les choisit ?
Du coup, j'ai regardé sur Internet, et je vais vous expliquer ce que j'ai compris.

Alors déjà, « UV » c'est un acronyme.
Le U, il est pour Ustensile et le V il est pour Valable.
Non. C'est Urètre Visible.
Urine Végétarienne. Unité de Vagin. ← *C'est pas mal parce que tout ça ça sonne un peu savant.*
Ubiquité Vasculaire.

Bon en réalité ça veut dire : ultraviolet. *J'avoue que leur truc est mieux.*

En fait, le Soleil, il envoie tout un tas de rayons, qui mettent un million d'années à nous parvenir. C'est long un million d'années hein ? C'est 10 638 fois la reine Élizabeth... Les rayons que le Soleil envoie, il en existe de plein de sortes. Y en a des visibles, et des invisibles, et y en a des infrarouges.

La plupart sont arrêtés par la couche d'ozone, et c'est bien car ils sont très dangereux pour nous. Comme le gluten. Ou les falaises quand t'as plus de freins. Ou... Marion Maréchal, quand elle parle, de manière générale.

Mais les autres sont OK.

Les infrarouges, eux, pénètrent en profondeur dans la peau, TITRE et ce sont eux qui font qu'on a chaud. Les infrarouges, c'est l'équivalent de Ryan Gosling pour plein de meufs, et d'Adèle Haenel pour plein d'autres.

Ensuite y a **les UV.**
Les ultraviolets, donc, ou si Valérie Damidot nous lit : les UP, les ultraparmes.

Il y en a de trois sortes : les UVA et les UVB. Y a aussi les C mais eux ils sont arrêtés par la couche d'ozone.

UVA, UVB, UVC, sur le nom ils se sont pas foulés j'avoue, on dirait des classes.

« On se met en rang avant d'entrer dans le self ! Les 6eA vont rentrer en premier, ensuite les 4eE, et on va terminer par les UVB, c'est clair ?!
– Mais madameeeee on a faim !
– Sortez tous vos carnets les UVB là.
– Mais madameeeee ! »

Ce qui est décevant avec les ultraviolets, c'est qu'ils ne sont pas violets, puisqu'ils sont invisibles.

98 % des UV qui nous atteignent sont les UVA. Ce sont notamment des agents de bronzage, mais surtout, ils vont directement dans la couche profonde de la peau, dont ils accélèrent le vieillissement. Ce sont ces petits bâtards qui font les rides, d'ailleurs… En fait, les UVA, c'est comme TikTok, ça me fait vieillir plus vite.

Les UVB, soit 2 % des UV qui nous atteignent, vont dans l'épiderme, c'est-à-dire la couche pas profonde. Ils font les coups de soleil, les brûlures… et à terme, les cancers. Donc c'est des petits bâtards aussi.

Quand on bronze, c'est parce que notre peau se protège. Les UVA et B viennent sur la peau, et pour se défendre, **les mélanocytes** (c'est-à-dire les cellules de l'épiderme) envoient des pigments qui colorent la peau et nous protègent en absorbant les UV.

Mais ces pigments protègent seulement un peu des UVB et pas du tout des UVA, ceux de TikTok. Ceux-là, ils entrent dans la peau et viennent endommager les cellules, qui contiennent **l'ADN.**

La plupart du temps elles se réparent, mais à un moment elles ne peuvent plus, alors l'organisme panique parce qu'il n'a plus le plan des cellules en bonne santé qui a été détruit à force d'agressions des UV, alors il improvise et il crée des cellules défectueuses, et ces cellules peuvent être cancéreuses. PAS COOL DU TOUT.

Quand on attrape un coup de soleil, c'est qu'on reçoit trop d'UV d'un coup. Les cellules de l'épiderme sont agressées et ça surchauffe, alors dans cette zone, les vaisseaux sanguins se dilatent pour réguler la température du corps. Evacuer de la chaleur. C'est ça qui fait rougir la peau, et si on n'écoute pas ce signal, et que le rayonnement dure vraiment trop longtemps, quand on continue de s'exposer, le corps décide de libérer de l'eau, toujours pour réguler la température dans cette zone. Cette eau remonte vers la surface du corps, et en remontant, elle touche des terminaisons nerveuses et… ça fait mal : c'est la brûlure, le coup de soleil, le coup d'amour, le coup d'je t'aime.

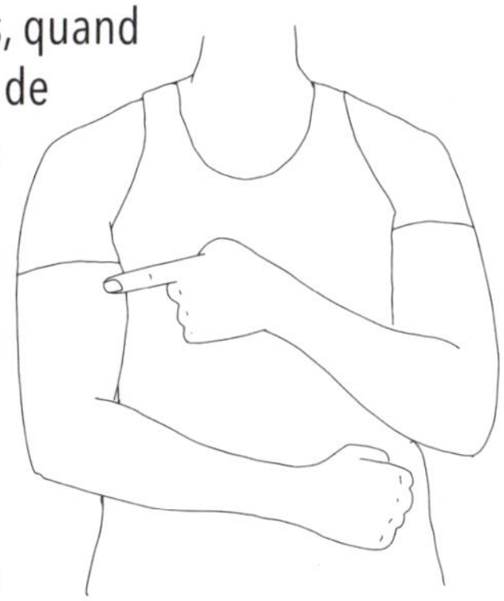

Le Soleil, lui, envoie toujours le même nombre d'UV, mais, en fonction de là où on se trouve ou de l'heure qu'il est, les UV arrivent à nous plus ou moins filtrés. Par exemple, le matin ou le soir, le soleil se trouve à l'ouest ou à l'est, donc sur le côté, donc les rayons nous arrivent de biais, ils traversent plus d'atmosphère, et ils sont donc plus filtrés.

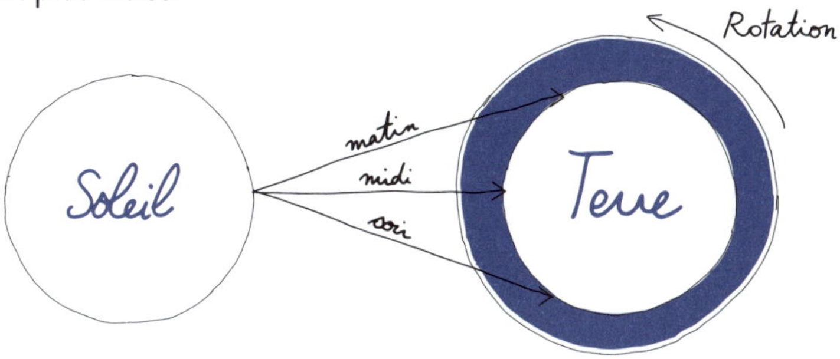

Or quand il est midi par exemple, bah le Soleil est directement au-dessus de nous, les rayons traversent moins d'atmosphère, donc… ça tape plus, vu qu'on est *sous le Soleil exactement*.

Ah et pour info toutes les peaux prennent des coups de soleil, quelle que soit leur couleur, et c'est important de les protéger.

Vous me direz : *« Oui, mais comment on se protège ? »*
Pour se protéger ça tient en un acronyme très simple : crème, ombre, lunettes, tee-shirt. Le COLT. Comme le vieux flingue.
Ouais. C'est moi qui l'ai inventé.

On va reprendre dans l'ordre inverse.

T : comme tee-shirt.
Quand ça tape trop, tout simplement tu t'exposes pas au soleil directement. Tu mets un tee-shirt, tu montreras ton bidou plus tard.

L : lunettes.
Très important les lunettes ! Les UV abîment les yeux (c'est ce qu'on appelle la cataracte) et parfois même ils les abîment au point que l'on devienne aveugle : donc ça veut dire qu'il faut que tes lunettes filtrent tous les UV ! Les A, les B, tout l'alphabet si tu veux.

O : l'ombre.
Tu joues pas au héros, tu t'exposes pas dans les heures où les UV sont pas trop filtrés, c'est-à-dire 12 h-15 h. Tu vas manger ton melon sous le parasol, tu vas faire ta sieste dans le hamac sous les arbres, et tu poses tout doucement cette bouée sur le sol. Pas de geste brusque, tout va bien se passer.

Et enfin le **C : de chamallow.**
Non, reconcentre-toi !
Le C de « crème ». Tu mets de la crème solaire !

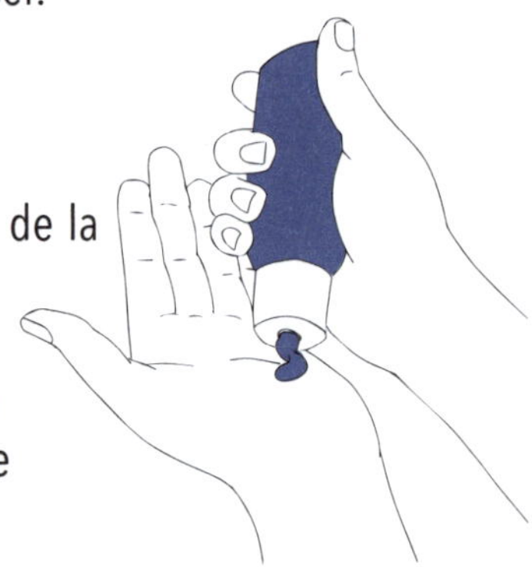

Bon j'avoue que la crème c'est relou, déjà parce que le sable se colle à la peau et qu'on doit se faire un gommage forcé à chaque fois qu'on en remet, mais aussi parce qu'on sait pas trop ce que ça veut dire exactement les numéros qui sont écrits. *Quand c'est sous la bouteille, ça veut dire que c'est le prix.* Quand c'est dessus, c'est l'indice de protection. Ça va de 6 à 50+.

Ça fait 6, 10, 15, 20, 30, 40, 50 et 50+. *Tu rajoutes "jeu, set et match" et on pourrait croire qu'on parle d'un match entre Mary Pierce et Martina Hingis.*

Ce qu'on sait tous.tes, c'est que plus ce nombre est élevé, plus la protection solaire est forte.

En fait, cet indice traduit le temps durant lequel il est possible de s'exposer avant de prendre un coup de soleil. En gros, avec une crème à indice 30, on a trente fois plus de temps avant d'attraper un coup de soleil. Pour faire le calcul, c'est très simple.

En moyenne, il faut 15 minutes pour prendre un coup de soleil quand on n'a aucune protection.

Bon bah, en théorie, tu multiplies ces 15 minutes par l'indice de protection noté sur ta bouteille, et tu obtiendras au bout de combien de temps, avec ta crème, tu attraperas ton coup de soleil.
Par exemple, avec un indice 30, tu fais 30 x 15 minutes. Tu l'attraperais en 7 heures et demie.

Attention, ce sont des calculs théoriques, *surtout que c'est moi qui les ai faits et que j'ai fait un bac L...* Il y a plein d'autres facteurs qui entrent en ligne de compte, comme votre phototype de peau, l'intensité des UV, là où vous vous trouvez… En plus, souvent, même si on met de l'indice 30 ou plus, on n'en met jamais assez.

Pour un adulte de taille moyenne, il faudrait mettre 6 petites cuillères de crème en tout.

J'ai lu aussi que tout ça faisait que ce temps de 7 h 30 avant de prendre un coup de soleil serait divisé par trois à cause de… « la vraie vie – pas de laboratoire ». Soit 2 h 30.

Et pour les personnes coquettes : sachez que mettre une crème avec un indice élevé n'empêche pas de bronzer.

Pour résumer le C : mets de la crème toutes les heures, partout, et remets-en quand tu vas te baigner.

Et n'oublie pas le COLT. Crème, ombre, lunettes, tee-shirt.
C'est hyper important.

Pour terminer, je voudrais quand même vous rappeler que le rayonnement UV a aussi des effets positifs sur notre santé ← *faut bien qu'il se rattrape.*
Et aussi, de nombreux objets peuvent paraître normaux à l'œil nu et différents sous la lumière UV, comme les minerais, les billets, et les gens bourrés en boîte.

Ce qu'il faut retenir, c'est qu'il y a du positif dans les UV, que tout n'est pas tout blanc ou tout noir… Parfois c'est aussi ULTRAVIOLET.

En fait les UV c'est comme Valentine Chardin et Alain Dulac de Sous le Soleil : ils sont méchants parfois, mais parfois aussi ils sont mignons et on les aime.

Voilà, ça,
c'était les UV,
mais en Vulgaire.

CHAPITRE 7

les quatre accords toltèques

Les Quatre Accords toltèques, c'est un livre qu'une copine psy m'a offert il y a longtemps, et que je n'ai ouvert que pour lire la dédicace qu'elle y a notée :

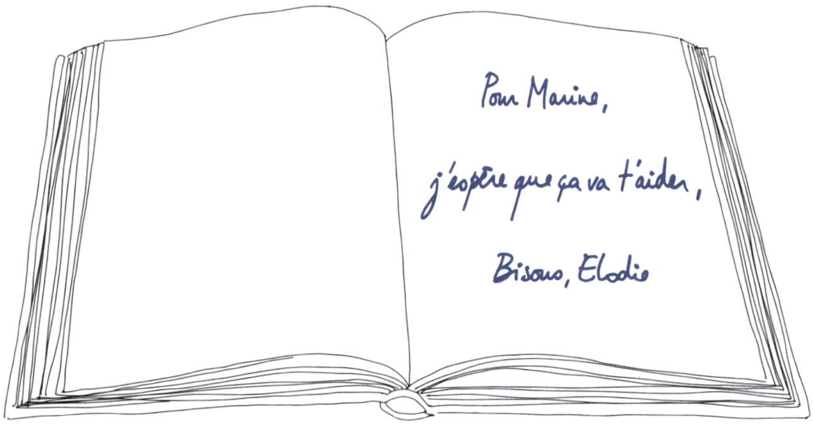

Nan mais aider de quoi ?! Ça va ouais ? Ça m'avait vexée et j'avais pas été plus loin que cette page.

Mais comme tout le monde en parle, et utilise même l'expression *« C'est pas très toltèque »*, ancêtre du désormais célèbre *« C'est pas très COVID »*, je me suis dit qu'il était temps que je me penche sur la question, alors j'ai regardé sur Internet, et je vais vous expliquer ce que j'ai compris.

Déjà, je me trompais complètement puisque je confondais « toltèque » et « Tolkien », le mec des Hobbits. J'imaginais donc que les quatre accords en question c'était :

1) Tu feras des livres aussi gros et lourds qu'une brique ou une vanne sur Marlène Schiappa.
2) Tes personnages auront des oreilles pointues…
3) … et des poils sur les doigts de pied…
4) … et des cheveux longs si beaux et si lisses qu'on dirait que leur coiffeur, c'est celui de Marlène Schiappa.

Loupé

Déjà, info numéro 1, « Toltèque », c'est pas un mec.
Moi je croyais que c'était : *Jean-Philippe Toltèque, coach en développement personnel à Aix-en-Provence.*
qui a fait son bouquin dans son coin et dont le succès lui est tombé dessus, ça sonne bien ! Sauf que ça n'a rien à voir.

Les Toltèques sont des gens qui vivaient au Mexique, dans la région de Teotihuacan, entre 900 et 1200. Ce peuple était très savant et avait des maîtres à penser, des sortes de chamans, qu'on appelait les Naguals.
Exemple de prénom de maître Nagual : Rafael. Rafael Nagual.
Ça doit être pas loin de Maubeuge je pense.

Les Naguals diffusaient la bonne parole oralement, c'était un peu leur sagesse qu'ils transmettaient comme des secrets à leurs enfants, qui racontaient ça à leurs enfants, et ainsi de suite.

Miguel Ruiz, un de leurs descendants, s'est dit :

Tiens, ces secrets que ma famille et ma culture se transmettent fragilement depuis un millénaire, je vais en faire un bouquin.

Perso, moi, si dans 1 000 ans, mes arrière-arrière-arrière-arrière-arrière-arrière-arrière-arrière-arrière-arrière-arrière-arrière-arrière-arrière-arrière-arrière-arrière-arrières-arrière-arrière-petits-enfants font un livre pour dévoiler au monde entier la recette secrète des boulettes de ma Mamie Noëlle dans un livre, franchement, je vais revenir les hanter fissa. Les secrets de famille c'est des secrets de famille, ça se dit pas.

Bon alors là vous allez me dire : *« Marine, elles sont sûrement très bonnes les boulettes de ta mamie, mais franchement, il n'y a peut-être pas de quoi écrire un livre entier dessus. »*

Sachez que la recette des boulettes de Mamie Noëlle est plus longue que les quatre accords toltèques mis bout à bout, et pourtant, ça n'a pas empêché Miguel Ruiz de faire ça en 144 pages.

Miguel Ruiz est né en 1952, sa mère était guérisseuse, son père chaman, et lui… il est devenu neurochirurgien. Bon autant vous dire que ça a dû gueuler à la maison quand il a choisi la médecine traditionnelle sur Parcoursup…
Un jour, il est victime d'un accident de voiture dans lequel il passe tout près de la mort. Il voit la lumière au fond du tunnel, mais il reste parmi nous et il se dit : *« La médecine c'est bien, la preuve, je suis toujours en vie. Mais bon, je vais quand même me réorienter. »*
Il décide donc d'étudier les enseignements ancestraux toltèques de la lignée des *chevaliers de l'Aigle*.

J'ai tapé « chevaliers de l'Aigle » sur Google et selon Internet, il a donc étudié les enseignements ancestraux de… Playmobils. Le premier résultat qui tombe sur les chevaliers de l'Aigle, c'est La Citadelle des chevaliers de l'Aigle Playmobil, qui coûte quand même 99 €.

A priori, Miguel Ruiz, en apprenant les enseignements de ses ancêtres playmobils, a découvert qu'en suivant quelques règles, on pouvait trouver le chemin de l'amour et du bonheur. Ces quatre règles sont simples :

1) Que votre parole soit impeccable.
2) Quoi qu'il arrive, n'en faites pas une affaire personnelle.
3) Ne faites pas de suppositions.
4) Faites toujours de votre mieux.

1) Que votre parole soit impeccable

Ça veut dire que tu critiques personne, même pas Marlène Schiappa quand elle fait de la pub pour un coiffeur, et que tu ne te critiques pas toi-même. Pour les Toltèques, la parole est magique : mais vous le savez, il y a de la bonne magie et de la magie noire. C'est un peu la théorie du « karma biiiitch » : tu dis des choses vraies et gentilles, des choses vraies et gentilles t'arrivent. Tu dis ou fais de la merde : bah prépare-toi à ce que ça te revienne en boomerang aussi…

KARMA BITCH !

2) Quoi qu'il arrive, n'en faites pas une affaire personnelle

Selon Miguel Ruiz, quand vous prenez les choses de manière personnelle, c'est parce que vous le *voulez* bien. À ne pas confondre avec : quand vous faites une coloration et que vous êtes Eva Longoria, c'est parce que vous le *valez* bien. Rien à voir. En gros, ne vous laissez pas atteindre par les choses qui arrivent, et ne donnez pas d'importance à des paroles malveillantes ou des actes qui vous déplaisent. En faisant ça, vous ôtez à ces actions ou ces paroles le pouvoir de vous blesser, et vous serez plus heureux.ses.

3) Ne faites pas de suppositions

Ça c'est ce que j'ai appris avec ce livre : je pense toujours que les choses sont d'une manière, et pouf, je réalise que j'avais tort…
En fait, si j'ai bien compris, on est un peu des détectives à la con : on voit ou on

entend des choses, on considère que c'est des indices, on analyse tout ça avec notre prisme, et on pense qu'on a tout compris, et salut, on a résolu l'enquête. Sauf qu'on ne sait jamais tout, et donc les résultats de l'enquête sont faux, parce qu'on a fait des mauvaises suppositions, basées sur le fait qu'on n'en savait rien alors on a un peu inventé, et à un moment on s'est dit : *« C'est plausible, donc c'est vrai. »*

Or, il ne faut jamais présupposer ce que les autres pensent, ou font, ni pourquoi ils font ça et pas autre chose.

Exemple : Votre *crush* ne vous écrit pas pendant deux heures. Vous supposez qu'il ou elle ne vous aime pas et vous ghoste. C'est peut-être vrai, mais c'est aussi peut-être faux : il y a autant de chances que son téléphone soit déchargé, que la personne soit en train de regarder un film, de dîner avec sa famille, ou, bien sûr :

qu'elle soit en train de coucher avec une autre personne que vous.

On peut pas savoir, donc on suppose rien, comme ça, on se prend moins la tête, et on est plus dispo pour ce qu'il se passe dans notre réalité, notre moment.

Oh waw, je suis à deux doigts de commencer un livre de développement personnel. Ça s'appellerait… *Détective à la con*. J'aime beaucoup l'idée.

4) Faites toujours de votre mieux

Bon bah là, je vais pas vous expliquer pendant mille ans ce que « faites toujours de votre mieux » veut dire, ce serait supposer que vous êtes cons.

Fail de l'accord n°3

De plus, ce ne serait pas du tout une parole impeccable.

Fail de l'accord n°1

Je choisis donc ici de ne rien présupposer, et je vous laisse comprendre tout.e.s seul.e.s, comme des grand.e.s.

Les Quatre Accords toltèques a été vendu plus de 9 millions d'exemplaires, et comme je suis désormais les accords je ne présume pas du tout que Michel Ruiz est devenu riche. Je ne prends pas ça personnellement donc je ne suis pas jalouse non plus d'ailleurs. Ma parole reste impeccable en ne critiquant pas le fait que **comme ça se vendait super bien, hop, il a sorti un cinquième accord…**

Voici le nouvel accord :

5) Soyez sceptique, mais apprenez à écouter

Moui… pourquoi pas, ça dit quoi ?
Ça dit doutez, de tout, et de vous-même.

Du coup j'ai un peu réfléchi et j'ai créé les cinq accords vulgaires :

1) Mets toujours des oignons et de la moutarde dans ce que tu cuisines, ça va avec tout.

2) Jette ton bouquet de fleurs avant qu'il soit pourri dans le vase et que l'eau soit marron parce que c'est suuuuuuper relou à nettoyer quand ça pue.

3) Écoute tous les jours de la musique qui te rend heureux ou heureuse. Moi en ce moment c'est ça :

4) Tous les soirs, fais un bilan de ta journée et trouve trois choses pour lesquelles tu as de la gratitude.
Exemple : *« J'ai de la gratitude d'avoir lu ce livre incroyable écrit par une femme drôle, surprenante et humble. »*
Et en 5) Bah, essaye de suivre les quatre accords toltèques, parce que je pense que ça doit vraiment aider pour que la vie quotidienne soit plus douce.

D'ailleurs, voici une liste des gens pas très toltèques selon moi :
Gérald Darmanin, Éric Zemmour, Vitaa dans « Confessions nocturnes » qui prend tout très personnellement et qui en plus suppose des choses et… Nan mais je lui en veux pas parce que franchement la chanson est bien, donc Vitaa elle a joker … *Mes excuses Vitaa, je sais pas ce qui m'a pris.*

Voilà, ça, c'était les quatre accords toltèques, mais en Vulgaire.

La recette secrète des boulettes de Mamie Noëlle

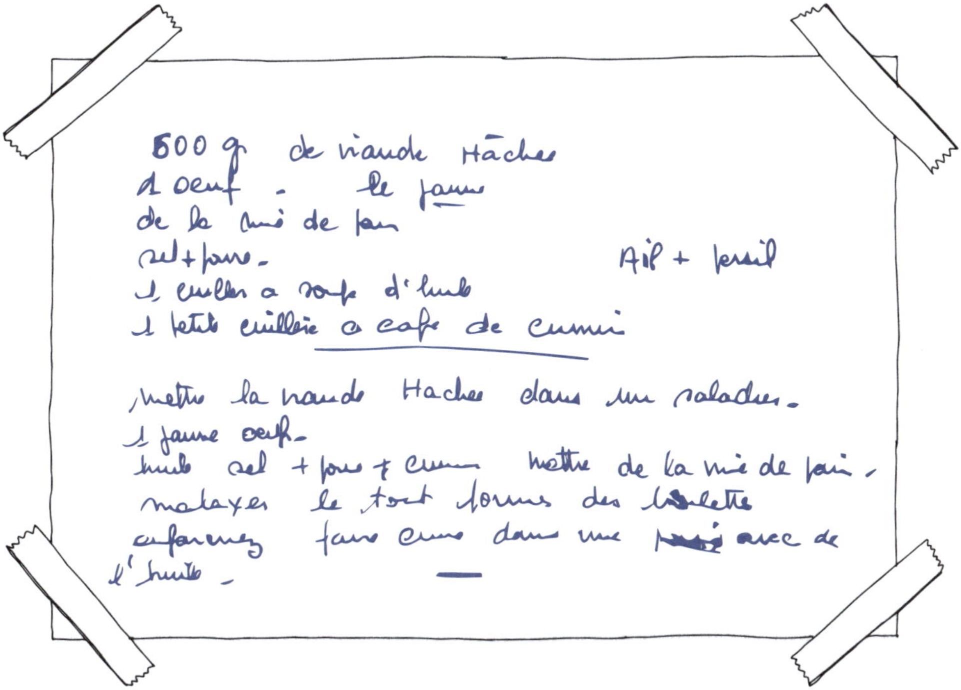
500 g de viande Hachée
1 oeuf - le jaune
de la mie de pain
sel + poivre. Ail + persil
1 cuillère a soupe d'huile
1 petite cuillère a café de cumin

mettre la viande Hachée dans un saladier.
1 jaune oeuf.
huile sel + poivre + cumin mettre de la mie de pain.
malaxer le tout former des boulettes
enfournez faire cuire dans une [illegible] avec de l'huile.

Bon, ok, c'est pas super lisible,
mais elle n'a pas pu me la réécrire de là où elle est...
Et puis, croyez-moi, même quand on suit la recette à la lettre,
les boulettes n'ont jamais le même goût que les siennes.

CHAPITRE 8

Sissi l'impératrice

Toute ma vie, j'ai pensé que Sissi, c'était un personnage de fiction avec des tresses trop compliquées, des châteaux qui brûlent en arrière-plan, une robe de nuit en lin blanc qui vole au vent, qui disait des trucs du genre :

Mais bon, soi-disant que Sissi, elle a vraiment existé, alors j'ai maté un ou deux *Secrets d'Histoire*, j'ai regardé sur Internet, et je vais vous expliquer ce que j'ai compris.

Vrai détail

Élisabeth de Wittelsbach, a.k.a *Sissi*, naît avec une dent le 24 décembre 1837 à Munich, en Allemagne, qui à l'époque s'appelle le Royaume de Bavière. Elle est issue d'une famille noble, avec une mère qui regrette de ne pas avoir épousé un futur roi, *Un peu comme tout le monde quoi...* et un père un peu absent parce qu'il kiffe les voyages, mais comme il fait des trucs cool, Sissi lui pardonne. *Exemple :* il aurait joué de la cithare en haut des pyramides. D'abord quand j'ai lu ça j'ai pensé : *« C'est trop cool !!! »* Et puis après je me suis dit : *« Très bonne excuse de père absent. "Ahlala je pouvais pas aller chercher les enfants à l'école, j'avais cithare sur une pyramide". »*

À part si t'es Jean-Michel Jarre, perso j'y crois pas trop.

Sissi et ses sœurs reçoivent une éducation assez libre et sans tout le protocole qu'on imagine dans les familles nobles : elle fait du cheval, elle se balade en forêt, elle kiffe la poésie, elle a les cheveux longs qui volent au vent, bref, c'est Alex Lutz en week-end.

À 14 ans, elle tombe amoureuse d'un mec mais il meurt de la tuberculose, du coup ça la déprime. *Ahlala les ados, ils font des scènes pour n'importe quoi...* Pour lui remonter un peu le moral, sa mère lui propose d'aller avec elle en Autriche parce que sa sœur, Hélène, doit se marier avec le futur empereur, François-Joseph Ier. *Son cousin, hein, pour info. Pas genre son cousin éloigné, non, c'est son cousin, le fils de sa tante, la sœur de sa mère. Son cousin. Bref.*

Une petite cérémonie est prévue : au bal, devant tout le monde, il doit donner une rose rouge à Hélène en guise d'annonce officielle et de demande en mariage.

On est clairement dans un épisode du Bachelor...

Pile avant la pub, retournement de situation : Greg le millionnaire ne donne pas la rose à Hélène, mais à Sissi. TIN TIN TIIIIIIIN !!! Il a eu un crush pour elle, et, visiblement, un partenariat avec Monceau Fleurs car il lui offre carrément devant tout le monde : un bouquet entier.

Du coup, boum, à 15 ans, Sissi se marie, et elle comprend vite que sa vie va être un peu moins fun que prévu. Elle dit à *je sais plus qui* : *« Si seulement il n'était pas empereur ! »* En gros c'est la Meghan Markle de l'époque.

Le mariage a lieu le 24 avril 1854, et, petite anecdote, juste avant de retrouver François-Jojo à l'autel, elle se cogne la couronne de diamants dans la porte de la calèche. **TITRE**

Elle écrit dans son journal un petit poème de derrière les fags :

« Aaah puissé-je ne jamais avoir quitté le sentier de la liberté. Je me suis réveillée en prison, les mains retenues par les chaînes, le désir toujours plus ardent : liberté, liberté, tu m'as délaissée. »

Alors j'avoue, au départ j'ai pensé : Hey ça va la drama queen là ?
Elle en fait des caisses, on dirait un discours des anti-masques dans une interview sur CNews.

Et puis, j'ai continué mes recherches, et c'est vrai queeeee… Bah que c'était une sorte de prison. Dorée, certes, mais une prison, dont la geôlière était sa tatie devenue sa belle-mère : **l'archiduchesse Sophie,** dont je ne connais pas l'état de séchage des chaussettes.

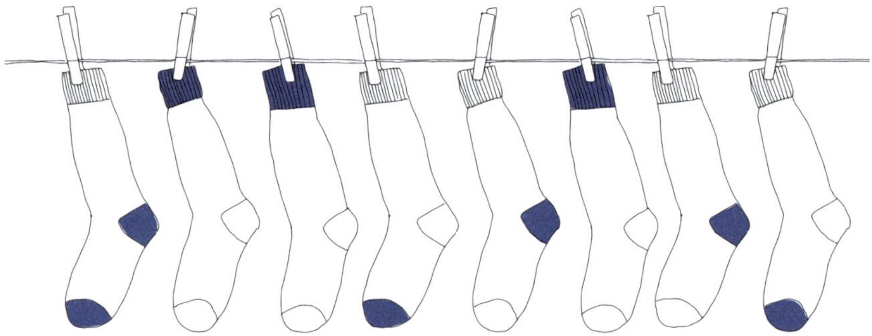

Sophie ne voit pas la beauté de Sissi. Tout le monde en est estomaqué mais Sophie dit, je cite : *« Elle a les dents jaunes je trouve. »*

Il faut savoir que le protocole est très très strict, et surtout, à l'époque, dans cette famille royale, les nuits de noces se font en public.
Imaginez, vous avez 15 ans, et là on vous annonce que vous allez coucher pour la première fois avec votre cousin, et qu'en plus, y aura plein de monde. Sissi se révolte et elle obtient que cela se passe avec seulement son mari, mais c'est quand même sa belle-mère qui la prépare et qui dit : *« Tu peux entrer François-Jojo. »*
Dans la pièce. Et dans Sissi, on va pas se mentir.

Sissi, elle n'a pas trop envie de coucher avec lui, alors elle le fait attendre deux nuits. À la troisième, elle craque ou il insiste, on ne sait pas trop, mais en tout cas, ça arrive.
C'est drôle parce que dans ce que j'ai lu ou vu, on nous parle de la bienveillance et de l'amour qu'il lui portait pour avoir attendu le troisième soir, alors que moi je vois juste un viol conjugal. Sissi dira d'ailleurs plus tard à sa fille : « *Le mariage est une institution absurde. Enfant de 15 ans, j'ai été vendue…* » Vendue littéralement puisque la perte de sa virginité est récompensée par une boîte remplie d'or. *Moi, la perte de ma virginité a été récompensée par : une mycose.*

YAY !

Assez rapidement, elle donne naissance à son premier enfant et sa belle-mère décide :
1) que cette petite fille s'appellera Sophie, comme elle ;
2) qu'elle s'en occupera ;
et que 3) d'ailleurs tous les enfants du couple seront élevés par elle, car elle saura forcément mieux faire que Sissi, qui rappelons-le a les dents jaunes.

On va donc désormais appeler l'archiduchesse Sophie : Cruella.

Plus tard, Sissi accouche d'une deuxième fille, Gisèle, dont Cruella s'occupe aussi.

Un jour, Sissi est trop malheureuse de ne pas voir ses enfants, alors Cruella accepte de lui confier la petite Sophie qui a deux ans pendant un voyage officiel de quelques jours, sauf que la fillette est malade, et qu'elle finit par décéder dans les bras de Sissi.
Cruella la culpabilise ×8 000, mais il se passe un truc : le peuple compatit avec Sissi dans sa douleur et lui témoigne une grande sympathie.

1858 : Sissi accouche d'un garçon, Rodolphe, héritier très attendu, et évidemment, Cruella lui en retire la garde et confie son éducation à des précepteurs un peu chelous.

Là Sissi, ça va pas du tout : elle commence à fumer, elle se balade avec des gros chiens, elle écoute du death metal, elle fait mauvaise impression mais elle s'en fout, c'est une punk à chien.

Elle finit par partir de Vienne pour aller se reconstituer le moral à Madère, puis à Corfou. Ça lui fait un bien fou, elle revient revigorée, et a priori, sublimée.

C'est à son retour qu'elle comprend deux choses :
1) Les voyages, c'est son dada. Elle va passer son temps à visiter le monde dans un train aménagé entièrement et spécialement pour elle, c'est ce qui la fera tenir dans ses longues périodes de dépression.
2) Sa beauté est un pouvoir dont elle peut se servir pour faire de la politique.
Elle en a déjà usé en Italie, province d'Autriche, juste après une visite à Venise catastrophique avec son mari où ils ont eu un accueil horrible : à leur passage, personne ne les a applaudis. Donc eux, ils sont sur une gondole, ils font coucou aux gens, et les gens les calculent pas. ← *Humiliation.*
Sissi comprend que cet accueil est dû à une politique trop dure et insiste auprès de son mari pour qu'il l'adoucisse : c'est **sa première victoire politique.**

Elle décide donc de se servir de sa beauté, mais pour ça, il faut l'entretenir. C'est du boulot, croyez-en mon expérience : je suis moi-même très belle et c'est pas facile tous les jours.

C'est merveilleux d'écrire un livre je peux dire n'importe quoi.

Elle fait de ses cheveux son instrument beauté ultime : plusieurs personnes les coiffent pendant deux heures, c'est un long rituel. *Ça reste une routine cheveux moins longue que celle de Julien Doré.*

Elle commence aussi une vie d'athlète de haut niveau, c'est-à-dire qu'elle fait beaucoup beaucoup beaucoup de sport. Pour cela, elle installe carrément une salle de fitness dans ses appartements. ← le Club Med Gym de Vienne quoi.

Elle marche énormément, fait des randonnées de 10 heures, beaucoup de cheval, de chasse à courre, d'art équestre, bref, elle est tout le temps fourrée chez Decathlon.

Elle danse avec François-Jojo, notamment sur une chanson de François Feldman qu'elle affectionne particulièrement, et ensemble ils se demandent ce que deviennent les valses de Vienne.

Elle suit un régime très strict : elle mange très peu, boit du jus de bœuf à moitié cru ou de fruits pressés, elle fait des jeûnes, des cures d'un seul aliment. Les gens sont épatés par son tout petit tour de taille, 51 cm.

C'est Violette Chachki la meuf.

Elle souffre clairement de malnutrition et de grandes courbatures, mais elle comble ça par de la cocaïne prescrite par des médecins, qu'elle prend pour se soulager.

Dans les années 1860, la Hongrie est une province qui appartient à l'Autriche, mais les Hongrois, ils sont pas trop d'accord. Ils ont même tenté de se rebeller pour avoir l'autonomie mais ça a foiré et du coup leur vie elle est pas dingo.

Or, les Prussiens ont commencé à conquérir un tas de pays, et on se dit qu'ils vont sûrement finir par envahir l'Autriche, ce qui n'est pas une bonne nouvelle pour François-Jojo.

les Allemands, toujours eux quand y'a une guerre on dirait...

Sissi, elle, elle kiffe la Hongrie, et elle œuvre auprès de son mari avec le chef d'État hongrois pour que l'Autriche ne soit plus « l'empire d'Autriche » mais que ça devienne « l'Autriche-Hongrie », deux forces égales, mais qui feraient ensemble une alliance bien plus puissante pour contrer la Prusse. Malin, hein ?

Et ça marche ! François-Jojo et Sissi sont même couronnés roi et reine de Hongrie.

Instantanément, elle traduit son prénom, et là-bas, elle devient ERZEBETH.
Les Hongrois ADORENT Sissi, et c'est d'ailleurs réciproque. Elle porte le costume traditionnel, parle couramment la langue, s'entoure de Hongroises, et pour la remercier, le gouvernement lui offre même un palais, le palais de Gueudeuleu, où elle donnera naissance à Marie-Valérie, sa dernière enfant qu'elle a pu élever, elle.

Geudeuleu, c'est un vrai palais, d'ailleurs là-bas y a une super ambiance, tout le monde s'éclate… à Gueudeuleu. Tout le monde se marre… à Gueudeuleu. Tout le monde chante, aussi, à Gueudeuleu, et je dirais même que tout le monde danse… à Gueudeuleu.

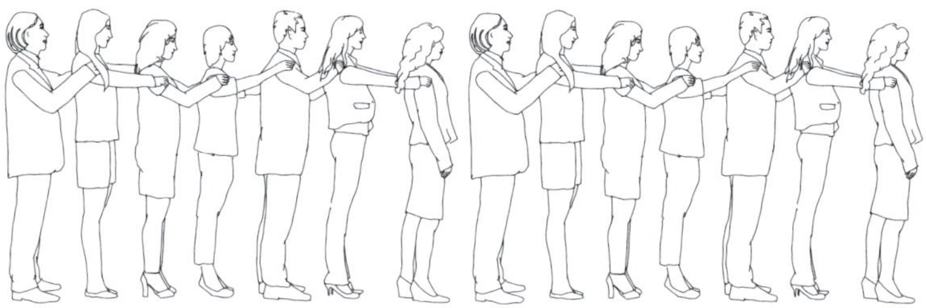

TRÈS GROS NIVEAU DE VANNES.

Sissi enchaîne néanmoins les périodes de dépression et d'euphorie. On raconte par exemple que pendant ses nombreux voyages, elle se faisait attacher aux mâts des bateaux pendant les tempêtes afin de ressentir plein d'émotions fortes.

Ce qui ancre vraiment Sissi dans la dépression c'est que son cousin préféré (qui est aussi son cousin mais pas son cousin mari, là c'est son cousin BFF, visiblement elle passe son temps avec ses cousins) meurt, tout comme beaucoup d'autres personnes de son entourage, dont son fils Rodolphe. Elle ne s'en remettra jamais, développe une fascination pour la mort et s'initie au spiritisme. Elle s'habille toujours en noir, ses dames de compagnie aussi : on les appelle « les ombres ». Désormais, elle cache son visage sous des voiles ou des éventails pour qu'on ne puisse plus jamais la voir, comme Sia, et refuse aussi qu'on la prenne en photo.

Les journaux sont obligés de faire des montages d'anciennes photos d'elle pour avoir l'air d'en sortir de nouvelles, ce qui fait qu'elle ne vieillit pas vraiment pour les gens, et que sa beauté reste intacte, comme sa légende.

François-Jojo n'a jamais cessé d'être amoureux d'elle. Il lui écrit beaucoup de lettres mais comme elle ne vient que rarement au palais, elle lui trouve une amante, avec qui elle est très amie par ailleurs.
De son côté, on ne lui connaît pas d'aventures, hétéro ou homo.

Un jour, en voyage à Genève, elle est en retard pour attraper un bateau. Un homme s'avance vers elle et lui donne un coup de poing. Elle tombe, mais tout va bien. Estomaquée, elle se demande pourquoi cet homme l'a violentée, et en déduit qu'il a voulu la voler. Elle court au bateau pour ne pas rater le départ. Une fois installée, elle fait un malaise et on réalise qu'elle saigne. En réalité cet homme ne lui a pas seulement donné un coup de poing : il tenait un couteau et l'a poignardée.
Elle meurt, sans avoir compris qu'elle avait été assassinée. Elle avait 60 ans.

Le peuple et François-Joseph sont effondrés, *franchement moi aussi un peu,* et l'amour des gens pour Sissi n'aura de cesse de grandir, grâce à des films notamment, où elle est interprétée par Romy Schneider ou Arielle Dombasle.

Aujourd'hui encore on peut visiter ses palais et il y a même un musée qui lui est consacré à Vienne.

Voilà, ça,
c'était Sissi
l'impératrice,
mais en Vulgaire.

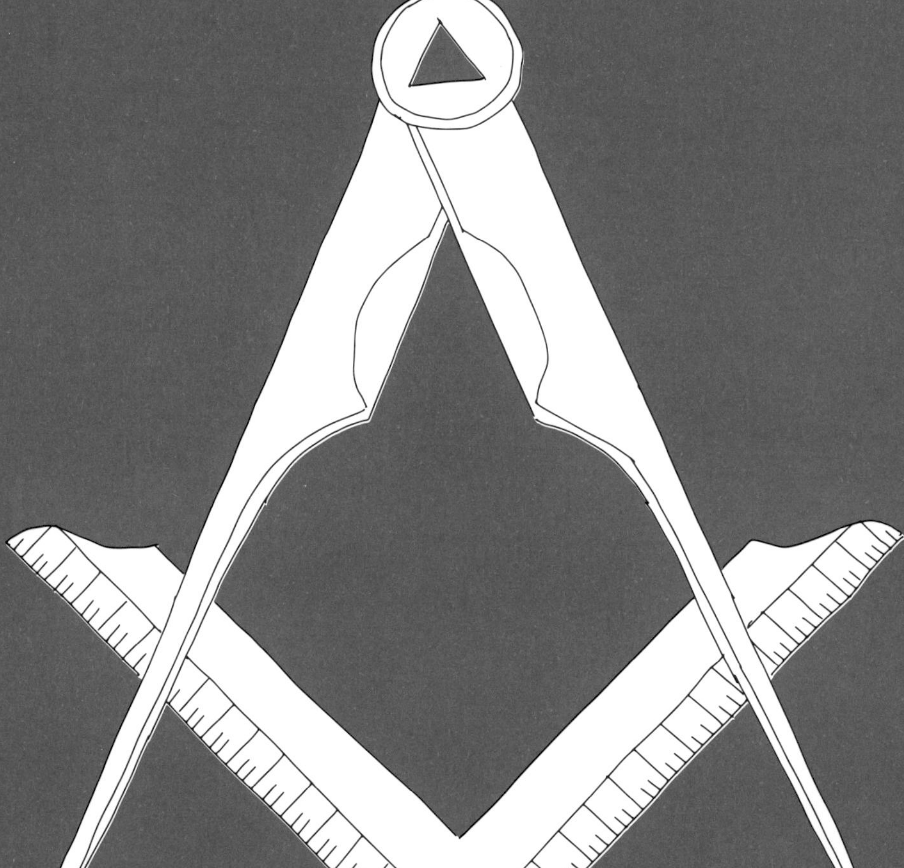

CHAPITRE 9

les francs-maçons

Les francs-maçons, dans mon esprit, c'est une sorte de club où Nicolas Sarkozy et plein de mecs habillés comme au Ku Klux Klan fument des cigares, mangent des Ferrero Rocher, et boivent du sang de vierge en faisant nonchalamment du ping-pong et en riant de comment ils dirigent le monde en scred.

Peut-être que c'est ça, mais peut-être que c'est pas ça.
Peut-être que c'est juste une petite asso toute bête qui réunit un tas de mecs qui ont eu leur CAP maçonnerie, et qui n'ont pas leur langue dans leur poche alors ils disent ce qu'ils pensent.

Alors : les francs-maçons, qui sont-ils ? Existent-ils ? Pourquoi nous font-ils flipper ? Et aussi : depuis quand *Vulgaire* c'est devenu la une du magazine *Le Point* ?

Pour le savoir, j'ai enquêté, enfin j'ai regardé sur Internet, et je vais vous expliquer ce que j'ai compris.

Tout d'abord, oui, les francs-maçons, c'est bien les membres d'une asso Loi 1901 qui dit que son but, c'est que *les hommes et les femmes aient le plus de droits possible,* et franchement, c'est pas très loin de ce que j'imaginais, à part pour le ping-pong. Et pour les Ferrero.
Pour le sang de vierge je sais pas encore, faut que j'approfondisse mes recherches.

Mais commençons par le commencement.
La franc-maçonnerie est une organisation qui naît un peu partout dans le monde au XIIe siècle et qui est effectivement une association de tailleurs de pierres, de maçons. Maçon, le métier.

À l'époque, les maçons détenaient savoir et pouvoir, puisqu'ils connaissaient la géométrie, qui leur permettait de construire des trucs. ← *le savoir*
le pouvoir → Ces trucs, c'étaient des églises et des châteaux, qui ont des couloirs secrets, des chambres cachées, et des bibliothèques où quand tu tires sur un livre, boum, la bibliothèque se retourne et derrière y a un vieux qui donne une potion chelou à Christian Clavier et Jean Reno.

C'EST OKAAAY

Ils ont donc décidé de s'appeler les **francs-maçons**, « franc » signifiant libres et indépendants du seigneur. Pas seigneur = Dieu, mais seigneur = la dîme, les chevaliers, Christian Clavier, tout ça quoi.
En gros :

« On est des francs-maçons, seigneur ! On connaît tes couloirs secrets, donc parle pas avec moi j'te dis. Et baisse les yeux. »

Ils faisaient des petites réunions, où ça parlait BTP, certes, mais aussi un peu de la vie.

Avec le temps ça disparaît un peu partout sauf en Angleterre, et peu à peu vers le XVIe siècle, dans ces réunions de chantier, les vrais maçons laissent la place à des prêtres, des nobles et des bourgeois qui veulent aussi papoter entre eux de la vie, de la philo, du temps qui passe, du goût des tomates, et *« oh la la le rap c'était mieux avant quand même »*.

Les francs-maçons avaient comme symboles le compas et l'équerre qui étaient leurs outils de boulot, mais comme ça devient un club de parole de bourges, ils

décident de les garder et disent alors que ces outils ne sont plus utilisés pour construire un temple de pierre mais : un temple spirituel.
Voilà donc maintenant on ne dit plus « pierre » on dit « spirituel ».
D'où la fameuse expression : "Spirituel qui roule n'amasse pas mousse."
Il faut d'ailleurs faire très attention : si vous croisez des mecs qui ont un compas et une équerre, ce ne sont pas forcément des francs-maçons, ça peut aussi être une classe de CE2.

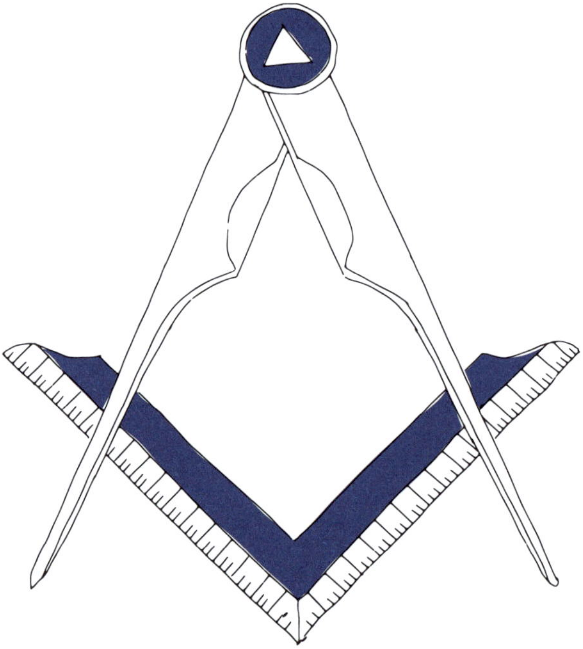

Au XVIIe siècle, un code franc-maçonnique est écrit par *je sais plus qui* et ce code est encore respecté, et surtout c'est vraiment à ce moment-là que ça revient en force en France.

La franc-maçonnerie évolue avec son temps, y a plein de bourgeois anticléricaux qui déboulent, et qui se lancent en politique. Il y a eu des chefs d'État francs-maçons, et aussi beaucoup de politiques ou d'intellectuels connus. Je vous en cite quelques-uns au hasard : Voltaire, Roosevelt, Diderot, La Fayette, Bolivar, Garibaldi, Louis Blanc, Kléber, Raspail, Gambetta, tous les arrêts de la RATP grosso modo.

Pour terminer sur l'histoire des francs-maçons, je dirai juste qu'ils ne sont pas très potes avec l'ultra-droite, et d'ailleurs pendant la Seconde Guerre mondiale, Pétain a ordonné leur dissolution, et beaucoup ont été déportés.

A priori, cette asso joue pas mal sur son côté « secret ».
Et c'est vrai que quand t'as été déporté parce que tu participes à un club, bon, du coup tu te dis, je vais peut-être arrêter d'en parler à tout le monde.

Moi depuis que je sais ça, je raconte plus trop que j'avais ma licence au Tennis Club de Ploufragan. J'étais classée 30/5, malgré un coup droit très puissant, c'est pas la question.

Pour le côté « secret », la franc-maçonnerie dit d'elle-même qu'elle n'est pas secrète mais qu'elle est discrète.
« Pas secrète, discrète » : on dirait qu'ils parlent d'une femme de 30 ans qu'on veut marier à quelqu'un qu'elle connaît pas dans les années 1960.
« Non, Françoise n'est pas secrète, elle est discrète, n'est-ce pas ce qu'un époux attend d'une maîtresse de maison ? »
Ce qu'ils veulent dire c'est que son organisation n'est pas secrète, vu qu'on sait qu'elle existe, mais qu'elle ne veut pas trop qu'on sache qui en est et ce qu'ils y font précisément. Comme à la Fistinière.

Ce qui nous amène à la question : mais aujourd'hui ils font quoi, alors ?

Si j'ai bien compris, c'est une sorte de groupe de développement personnel qui se la pète.
Ce sont des gens qui veulent s'accomplir, grandir intellectuellement et personnellement, et s'ils le peuvent, ils le font aussi pour que les droits de l'homme soient les plus importants possible. C'est vrai que c'est plus classe de parler de tes problèmes quand t'as une tenue spéciale et que tu te dis que c'est pour le bien de l'humanité.

Une des métaphores franc-maçonniques très parlantes, c'est la pierre brute, qui représente la personne quand elle entre en maçonnerie, et qui devient une pierre taillée, qui représente la personne après tout un tas d'années en maçonnerie. En maçonnerie, tu te façonnes.

L'autre symbole très connu, c'est l'œil dans un triangle, qui signifie *la connaissance.*

D'autres disent que c'est Dieu, mais les maçons expliquent qu'ils se foutent de la religion. Tu peux être musulman, chrétien, juif, bouddhiste, athée, agnostique, fan de Mylène Farmer, quelle que soit ta religion, tu peux venir, pour eux c'est pas l'important, l'important c'est le savoir.

Les francs-maçons se réunissent par groupes de 40 max, deux fois par mois dans ce qu'ils appellent des loges, comme au théâtre.

Les loges, c'est à la fois le nom de ce groupe (on parle de « loge maçonnique »), mais aussi la pièce dans laquelle ils se réunissent.

La loge est en général une pièce rectanglulaire assez grande dans laquelle on a mis deux rangs de chaises qui se regardent, un peu comme quand ton prof de français en 4e voulait faire un cours dynamique juste avant les vacances, et au bout de tout ça, un bureau surélevé, où le chef de la loge préside.

Et donc, en général, t'as un franc-maçon qui a préparé son petit exposé dans son coin et les autres l'écoutent attentivement : *« Les francs-maçons et la guitare »*, *« Les francs-maçons et la coiffure »*, *« Les francs-maçons dirigent le monde »*. En fait c'est comme les Martine mais en plus flippant.

Mon préféré c'est "les francs-maçons, petits rats de l'opéra."

Ensuite, ils débattent, mais attention, ils n'ont pas le droit de se couper la parole, ce qui m'a fait penser que Jean-Jacques Bourdin, Élise Lucet et Jean-Luc Mélenchon ne doivent pas être francs-maçons mais en fait si, Mélenchon il en est.

Ils disent eux-mêmes qu'ils discutent de sujets de société et qu'ils transmettent leurs conclusions aux dirigeants de la France. Sur leur site, ils expliquent qu'ils ont soutenu le planning familial, la contraception, la loi Veil, l'abolition de la peine de mort, le mariage pour tous, et là leur truc du moment c'est le droit à choisir sa fin de vie. Donc c'est plutôt des sujets progressistes. Ils ne disent pas ce qu'ils ont pensé de la dernière saison de *Killing Eve* en revanche, mais ça ne devrait pas tarder.

Ils ont une image de secte, mais ils disent fièrement : *« Bah non on est pas une secte vu que dans une secte c'est facile de rentrer mais c'est dur d'en sortir, nous c'est le contraire, c'est dur d'y rentrer mais c'est facile d'en sortir. »*

TITRE

RETITRE

Il y a également tout un petit folklore : un mec annonce qui rentre dans la pièce, comme chez la reine Élisabeth, ils ont des gants, des écharpes brodées, des petits tabliers, ils tapent avec des petits marteaux pour commencer les séances secrètes, ils allument et éteignent des bougies, c'est bien simple, on dirait que Buffy va débouler là-dedans et mettre des pieux dans le cœur de tout le monde, en commençant par les plus gradés.

Oui parce que chez les francs-maçons, il y a des grades.
Tout en bas de la chaîne alimentaire, il y a les apprentis. Eux c'est les bébés francs-maçons. Comme ils sont nouveaux, on veut leur apprendre la patience et l'écoute alors ils viennent mais ils n'ont pas le droit de parler, pendant un an ou deux.

Ensuite il y a les compagnons. *Attention ce ne sont pas des labradors.*
Puis les maîtres. *Ah si peut être.*
Et après ça monte, il y a les sous-vénérables, les vénérables, les sérénissimes grands maîtres… et que je te tartine la biscotte du grand officier de Khéops.

Moi je veux bien croire qu'ils ont une âme, c'est pas la question. Mais disons que ça me rassurerait si Willow et Giles pouvaient vérifier ça avec une petite formule magique de derrière les fags.

Bon mais **qui peut être franc-maçon, et comment ?**
Tout le monde.
Il y a des loges mixtes et non mixtes, et il suffit d'aller sur le site du Grand Orient de France (c'est le nom de l'asso principale) pour déposer un CV et une lettre de motiv'. Ensuite il faut attendre, parfois même longtemps, pour qu'ils te recontactent. Ils font alors passer un entretien les yeux bandés dans une loge, afin que les francs-maçons qui y assistent restent anonymes, un peu comme dans un club libertin. Après avoir été reçu.e, il faut payer ta cotiz' pour pouvoir recevoir des petits gants et un petit tablier. Ils t'organisent une cérémonie secrète pour ton initiation, et puis après on te donne tous les codes : les codes secrets pour que vous vous reconnaissiez entre vous, les codes Wifi de la loge, et, bien sûr, les codes nucléaires.

Moi, je ne suis pas franc-maçonne, je suis ce qu'ils appellent

une profane

Et la seule réponse que je n'ai pas trouvée c'est :

Il y a des mecs qui s'appellent Franck Masson, mais ces Franck Masson sont-ils francs-masson ? Encore un des nombreux mystères auquel seuls les francs-maçons ont la réponse.

Voilà, ça, c'était les francs-maçons, mais en Vulgaire.

CHAPITRE 10

Monaco

Vulgaire, c'est l'occasion de répondre aux vraies questions qu'on se pose tous et toutes, du genre :

– Il s'est passé quoi pendant la guerre de Sécession ?
– Ça raconte quoi, *Critique de la raison pure* de Kant ?
Ou enfin :
– Pourquoi quand on ouvre une nectarine avec un couteau on tombe toujours pile sur l'axe qui fait qu'on ouvre aussi le noyau et c'est super énervant ?

Des sujets lourds, complexes, passionnants.

Et parfois, j'ai juste envie de parler de Monaco et des Grimaldi.

Nan mais c'est vrai, Monaco, je sais pas bien ce que c'est, ni où c'est, et quand on me dit Grimaldi, je pense pas à la famille royale, mais plutôt à Virginie, l'autrice de livres trop sympa.

Han la concurrence.

Donc, j'ai regardé sur Internet, et je vais vous expliquer ce que j'ai compris.
Et puis franchement, on a le droit de faire les potins aussi un peu pffff.

Monaco, donc, est un État, qui est constitué d'une ville, qui s'appelle :

Jusque-là, on peut dire que les mecs ne se sont pas foulés.

Le drapeau est blanc et rouge, et c'est d'ailleurs pour ça que le cocktail bière-grenadine s'appelle un Monaco aussi : a priori les couleurs du cocktail rappelleraient les couleurs du drapeau.

Bon. Moi rouge et blanc ça me rappelle surtout le père Noël, mais j'avoue que je voyais pas les gens dire : « J'adore me taper un père Noël en terrasse, c'est frais, c'est agréable. »

Monaco est à 20 kilomètres de Nice, et dans l'autre sens à 20 kilomètres, y a la frontière italienne.
Ça fait, préparez-vous : 2 kilomètres carrés. Je vous jure c'est pas une vanne.

En fait, Monaco longe la côte pendant 4 kilomètres, et la largeur varie entre 350 et 1 050 mètres.
Il y a 38 000 habitants, soit 18 500 habitants au kilomètre carré, ce qui en fait le pays le plus densément peuplé de la planète. Et il y a en tout ZÉRO pauvre.

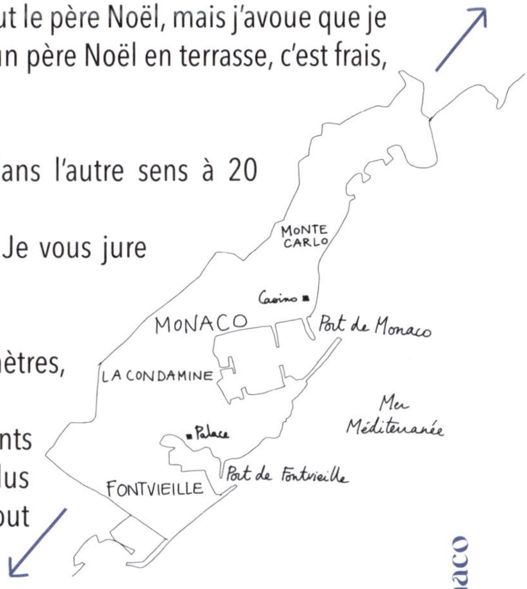

Là-bas, sont connus : un rocher, une famille, un hôtel, un casino, un club de foot,un festival du cirque et une course de bagnoles. Des Formule 1, précisément.

D'ailleurs, pour le fun j'ai regardé s'il y avait aussi des hôtels Formule 1 à Monaco, mais non. Trop déçue.

C'est une principauté, ce qui veut dire que c'est un prince qui règne. Et oui, il a probablement des principes, mais c'est pas le sujet ! Et alors le mec il est pas que prince. Non.

Le chef d'Etat monegasque porte aussi les titres suivants :

Son Altesse sérénissime le prince héréditaire,
régent et souverain de Monaco,
duc de Valentinois, marquis des Baux, comte de
Carlades, baron de Calvinet et du Buis, seigneur de
Saint-Rémy, sire de Matignon, comte de Torigni,
baron de Saint-Lo, de la Luthumière et de Hambye,
duc de Mazarin, duc de Mayenne, prince de
Château-Porcien, baron de Massy, comte de Ferrette,
de Belfort, de Thann et de Rosemont, baron
d'Altkirch, seigneur d'Issenheim, marquis de
Chilly-Mazarin, comte de Clèdes, comte de
Longjumeau et marquis de Guiscard.

C'est un peu long quand on fait l'appel non ?
On parle quand même d'un royaume de 2 kilomètres carrés.
Quand t'es prince là-bas t'es duc de chaque rue quoi.

L'histoire de Monaco

Les Grimaldi règnent depuis le XIIIe siècle, où un Grimaldi…

Hmmm, j'ai un doute, comment on dit ?
*"Des Grimaldis", donc "un Grimald**O**", non ?*

Je recommence.

Les Grimaldi règnent depuis le XIIIe siècle, où un Grimaldo s'est déguisé en moine et a pris une forteresse qui appartenait à *j'ai pas compris qui*, et ce qui est marrant dans l'histoire c'est qu'en italien, moine se dit : *monaco*.
Depuis ce jour, les Grimaldi règnent sur Monaco.

Y a quand même eu des moments où Monaco faisait partie de la France, parfois de l'Italie, parfois de la France, parfois de l'Italie, comme la Coupe du monde de foot et Monica Bellucci, en gros, et en 1861, hop, Monaco est devenu un État souverain, qui comprenait Monaco + la ville de Menton + la ville de Roquebrune. En 1869, Menton et Roquebrune votent pour appartenir à la France qui rachète ces deux villes 4 millions de francs, ce qui est étrange de la part de la France. Moi pour 4 millions de francs j'aurais pas acheté Menton. J'aurais acheté Poil dans la Nièvre, Montéton dans le Lot-et-Garonne, ou ÉVIDEMMENT Montcuq dans le Lot. Bien sûr.

Trois ans plus tard, le prince autorise le tout premier casino, mais interdit aux habitants d'y jouer.
C'est d'ailleurs une loi toujours en vigueur.

Quelques années plus tard, comme la principauté a suffisamment de thune, Charles III, **le Grimaldo en chef de l'époque, décide de supprimer TOUS LES IMPÔTS :** personnels, fonciers, immobiliers, et là c'est la fête du slip, ça devient un paradis fiscal et ça construit dans tous les sens. Tu m'étonnes.

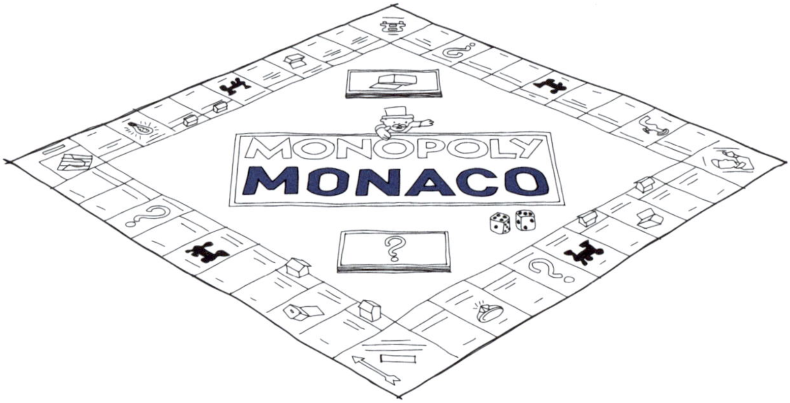

« Je mets un hôtel rue Grimaldi, les mecs passent plusieurs fois sur la case départ, prennent 40000 balles à chaque fois, et vas-y que je me gare sur le parc gratuit de Monte-Carlo, et vas-y que carte chance c'est mon anniv' tout le monde se cotise et m'offre une Rolex... »

En 1910 il y a quand même une petite révolulu de derrière les fags, et Monac' devient une monarchie constitutionnelle, c'est-à-dire que le monarque n'a pas tous les droits non plus, faut pas déconner.

Je vous passe la Seconde Guerre mondiale parce que bon, pas hyyyper cool Monaco. Officiellement ils étaient neutres, officieusement, ils étaient pas contre une petite cuite au schnaps, mais miracle, en 44, le prince Rainier s'engage dans l'armée française et donne un petit coup de main. Il sera décoré, Légion d'honneur et tout le toutim.

Le Grimaldo là, on le connaît, c'est le père du prince souverain actuel, Albert.
Il accède au pouvoir en 49, ça se chamaille un peu avec le gouvernement français mais globalement ça se passe bien.

Voilà, maintenant qu'on a vu l'histoire de Monaco, on va un peu plus parler des Grimaldi mais juste avant quand même j'aimerais bien dire que là-bas **l'avortement a été décriminalisé en 2019 seulement mais reste illégal**, sauf en cas de viol, de malformation fœtale, de maladie ou de danger pour la vie de la mère. Voilà. À Monaco t'as intérêt d'avoir un bon comptable et des bons cintres.

Au pire la France c'est à 200 mètres, tu prends le bus, c'est à trois stations le planning familial.

Bon, là j'étais Stéphane Bern dans *Secrets d'Histoire* mais maintenant on va passer à Stéphane Bern dans *Saga*.

Le prince Rainier, le père de l'actuel souverain, a épousé la comédienne Grace Kelly.
Tout le gratin était là, Hitchcock était le témoin de la mariée et le mariage a été animé par l'acteur américain Gene Kelly qui, contrairement à ce que son nom indique, n'a aucun lien de parenté avec la mariée, et par la chanteuse Annie Cordy, qui a aidé le prêtre… oui ce jour-là elle a vraiment été la bonne du curé.

Merci, j'espère que ma vanne vous a plu, j'ai tout donné.

Ils ont trois enfants, Caro, Albert et Steph, dans cet ordre.

Ensuite, en vrac :
Grace meurt dans un accident de voiture, comme franchement plein de princesses.

Steph fait un tube et scandale avec Daniel Ducruet, son garde du corps, puis sort encore après avec un autre garde du corps.

Caro accouche de Charlotte, l'ex de Gad Elmaleh, qui est maintenant avec le fils de Carole Bouquet.

Albert, lui, il fait du sport, du sport, du sport, et va même aux JO plein de fois dans la catégorie bobsleigh. Je vous jure c'est pas une vanne.

Steph devient une icône grâce aux Inconnus et aux Tuches, et on se demande si Albert n'est pas homo.

Rainier décède en 2005, et Albert est couronné.

Oui parce que chose importante : l'ordre de succession.

Caroline de Monaco est l'aînée de la fratrie, mais comme c'est une vieille dynastie, le garçon prend forcément la place de l'héritier.
C'est vrai c'est mieux les garçons. Une femme elle saurait pas gérer 2 kilomètres carrés ce serait trop pour elle.

De plus, il faut forcément que les enfants dans l'ordre de succession soient légitimes, c'est-à-dire qu'il faut qu'ils naissent dans un mariage.

Alors ça tombe bien parce qu'Albert s'est marié avec Charlène, une nageuse sud-africaine, et qu'ils ont eu des jumeaux, Gabriela qui a 5 ans et demi, et son jumeau, Jacques, qui visiblement a 48 ans. Jacques sera le prochain Prince souverain de Monaco.

Et ça doit être bien naze pour Jasmin et Alexandre, qui sont nés en 1992 et 2003, qui sont les enfants cachés et illégitimes d'Albert !

POTIN DE OU

Tout le monde pensait qu'il était gay mais visiblement : PAS DU TOUT.

Depuis, il les a reconnus et s'affiche avec eux mais ils ne sont pas en lice pour la succession au trône. En revanche ils sont en lice pour hériter de la fortune d'Albert et franchement c'est déjà pas mal. Si mes calculs sont bons, avec tout son pognon, ils pourront racheter Montcuq.

Voilà, ça,
c'était Monaco,
mais en Vulgaire.

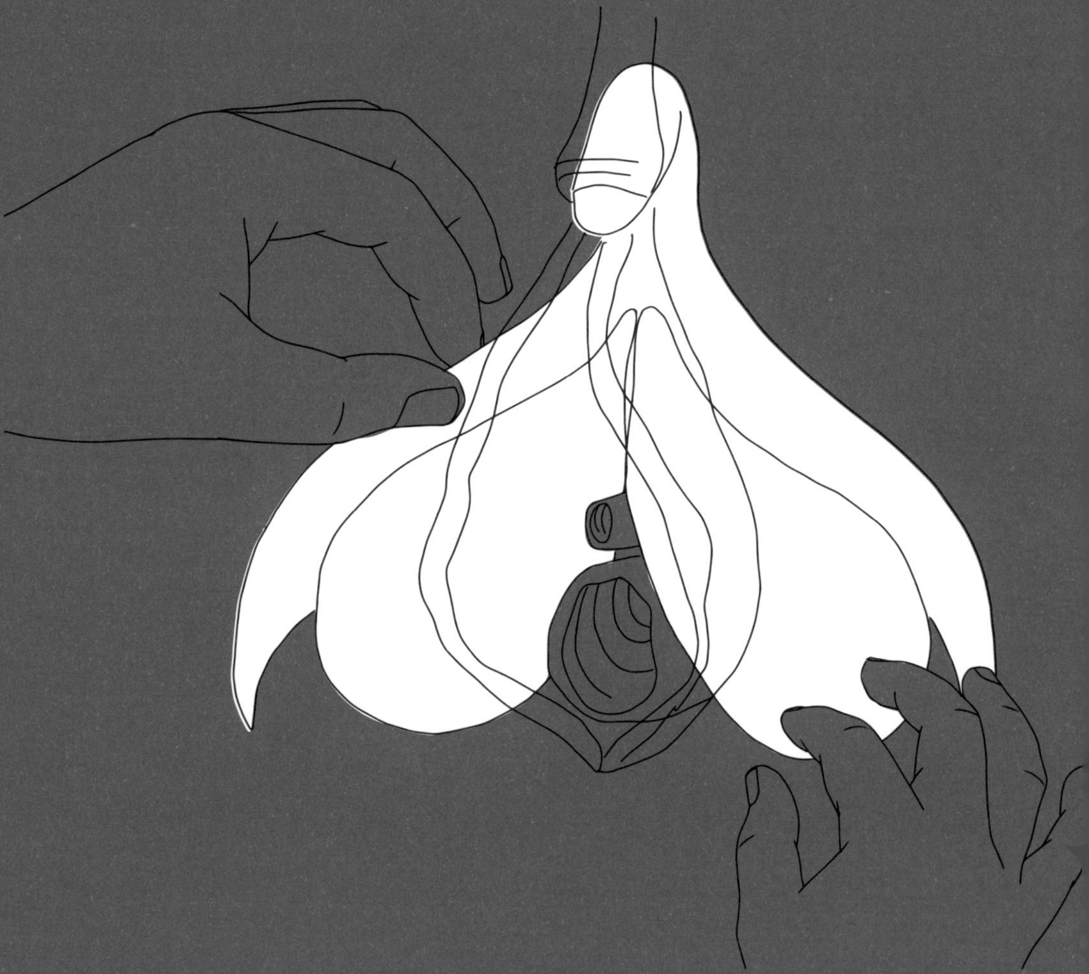

CHAPITRE 11

le clitoris

J'ai trouvé récemment dans une brocante une brochure publicitaire pour des laboratoires pharmaceutiques des années 40 et qui a pour titre:

On peut y lire des perles telles que :

« Dans cette brochure, nous nous sommes attachés à exposer les symptômes particuliers permettant de déceler et d'identifier les différentes affections localisées, qui, par leur répercussion générale, ont valu au sexe féminin son appellation méritée de sexe faible. »

Dans ce petit bijou, on nous décrit en long en large et en travers l'appareil génital « de la femme », mais jamais, au grand jamais, il n'est question du clitoris.

En réalisant ça, j'ai pensé : le clitoris, j'ai quelques notions, mais je veux bien réviser. Alors j'ai regardé sur Internet et dans des livres, et je vais vous expliquer ce que j'ai compris.

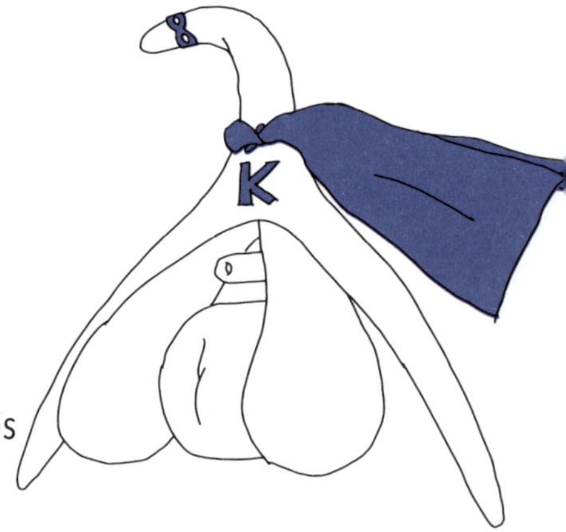

Déjà, sachez que clitoris, en anglais, ça se dit *clitoris*.
Qu'en néerlandais on dit : *clitoris*.
Qu'en espagnol on dit : *clitoris*.
Mais qu'en estonien et en arménien on dit : *klitor*.

En Estonie et en Arménie c'est pas un clitoris qu'iels ont, c'est un super-héros.

En grec, clitoris veut dire « la clé ».
Quand j'ai su ça j'ai pensé : *ça m'étonne pas*
Suivi immédiatement de : *il doit être marrant leur Fort Boyard*

Le clitoris, c'est quoi ?

Le clitoris est un organe qu'on observe chez les mammifères femelles en général mais aussi chez seulement deux espèces d'oiseaux, dont l'autruche.

OUAIS LES AUTRUCHES ONT DES CLITORIS MON POTE !

Elles ne peuvent pas voler mais elles peuvent avoir des orgasmes !
Au moment de la création du monde elles ont dû jouer à « tu préfères ».

"Sylvie ! tu préfères ne jamais avoir d'orgasmes mais avoir des grandes ailes ou avoir des petites ailes à la con mais pouvoir te faire kiffer ?"

Et elles ont fait le bon choix.

Figurez-vous que le clitoris est un organe érectile, ce qui veut dire que…
Oui oui vous avez bien compris : le clitoris bande !

En fait, le clitoris a la même origine embryonnaire que le pénis. Grosso modo c'est la même base, c'est juste qu'en fonction de si on est XX ou XY, ça se développe un peu différemment.

Pour le clitoris, l'érection est effectivement moins visible que pour le pénis, mais c'est au moins deux fois plus efficace : le clitoris a plus de 8 000 terminaisons nerveuses dédiées au plaisir, soit le double du pénis.
On est d'accord que c'est pas le plus gros nombre de terminaisons nerveuses qui compte … *mais on gagne, héhé.*

Surtout que ces terminaisons nerveuses, elles sont actives toute la vie.

Toute.

La.

Vie.

Que se passe-t-il dans une érection de clitoris ?

Avec l'excitation, le clitoris devient plus ferme et s'élargit : afflux de sang, ça gonfle, et là, pouf, ça explose : ça fait des confettis et ça danse la samba de janeiro. Bon ok, pas les confettis ni la samba, mais en termes de ressenti, on n'est pas déçu.e.s du voyage.
Pendant longtemps le clitoris a été considéré comme « un organe inutile » alors que le clitoris a 3 fonctions :

1/ La reproduction
2/ Le plaisir sexuel
3/ Énerver les gens qui ne le trouvent pas

On pense fort à … *plein de gens, franchement, plein de gens.*

En fait, quand le clitoris est stimulé, ça crée des changements : position du col de l'utérus, acidité du vagin, lubrification, température, oxygénation.

On pourrait croire que je parle d'un grand vin qu'on goûte après l'avoir débouché :

« Mmmm il a une très belle couleur, il est bien oxygéné, sa température est idéale, c'est parfait ! »

Tous ces changements aident à la reproduction. Le vin, en revanche… Oh si remarque, si, ça peut aider.

Aujourd'hui je peux me permettre de raconter tout ça parce que le clitoris commence enfin à être étudié.

L'histoire du clitoris

Au XVIe siècle, en 1545 précisément, on commence à parler du clitoris dans les manuels de médecine, et on estime alors que c'est un organe qui a seulement une fonction urinaire.

Avant cette date, il n'était jamais apparu nulle part.

Ensuite, deux mecs : Matteo Realdo Colombo, *ma femme me dit toujours…* et plus tard, Gabriele Falloppio, celui qui a donné son nom aux trompes de Fallope, affirment tous les deux qu'ils sont le premier à découvrir le clitoris.

On est en 2021 et j'affirme que vous n'avez rien découvert du tout, les mecs. Avant 1575 des gens en avaient déjà un et ne vous ont pas attendus pour le découvrir, croyez-moi. Je le sais, j'ai été livrée avec, et personne n'a eu besoin de m'expliquer.

Et puis surtout ça veut dire quoi « découvrir le clitoris » ?

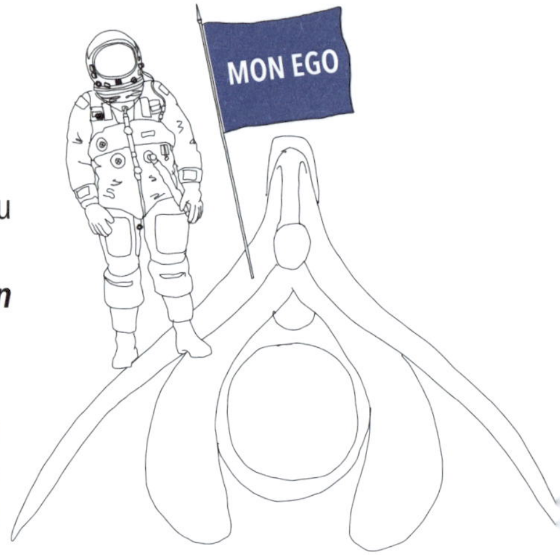

Ils l'ont vu, ils ont planté un drapeau dessus, et ils ont dit :
« Un petit pas pour l'homme, mais un grand pas pour mon égo. »

À cette époque la masturbation était interdite, et donc pour les personnes (qu'on qualifiait alors d'« hystériques ») qui souhaitaient se « décharger de leur trop plein d'énergie sexuelle », il existait deux solutions :

la clitorisectomie,
ou
le massage par des docteurs.

En clair, soit on te coupait le clitoris, soit on te branlait.

Choix difficile.

« Tu préfères mourir dans d'atroces souffrances ou un bisou ? »

« Tu préfères qu'on t'arrache les ongles sans anesthésie ou qu'on te donne un cookie avec un cœur Nutella ? »

Les autruches elles, elles savent quoi choisir…

C'étaient des docteurs qui le faisaient ! Y a des mecs qui ont fait 12 ans d'études pour ça ! Imaginez, si les connaissances sur le clitoris n'avaient pas évolué aujourd'hui ce serait peut-être un acte remboursé par la Sécu…

Et d'ailleurs, c'est un docteur, Joseph Mortimer Granville, qui a inventé en 1883 une machine pour le faire, le « percuteur mécanique à ressort » : oui oui, ce sont des médecins qui ont inventé les vibros.

THANK YOU FOR YOUR SERVICE SIR. Reconnaissance éternelle.

Petit bond dans le temps, on arrive au XXe siècle.
Sigmund Freud, qu'on connaît parce que c'est le premier mec qui a décidé de facturer les conversations qu'il avait avec les gens, balance un tweet qui dit que selon lui, « *l'orgasme clitoridien est un orgasme immature* » et qu'on est névrosé.e si on en a un. Il estime que l'orgasme vaginal, c'est mieux.

Merci Sigmund pour ton expertise à la con et ce *mansplaining* de qualité.

Pour info, il a été mis en évidence que l'orgasme vaginal, ça n'existait pas, puisqu'en fait, l'orgasme vaginal est tout simplement une stimulation interne du clitoris.

L'orgasme est forcément clitoridien.

Mettez-vous bien ça dans le crâne !

En réalité, le clitoris est assez grand. On pense que c'est un petit truc, comme un petit bouton magique, mais non, non, ça c'est que la partie émergée de l'iceberg. Ce qu'on voit, c'est : le **gland**. Oui, c'est le même terme que pour un pénis.

D'ailleurs, comme pour les pénis, il n'y a pas d'uniformité entre les clitoris, tous sont différents, y en a des petits, des cachés, des gros, parfois ils peuvent même être carrément *oversize* et ressembler à un petit pénis (ça arrive notamment lorsque la personne qui a ce clitoris prend de la testostérone pour transitionner, on appelle ça le *« DICKLIT »*).

Let me introduce you to ♥ THE CLITORIS ♥

Oh, on dirait l'os de voeux du poulet !
ou l'os de la chance dans le docteur Maboul !

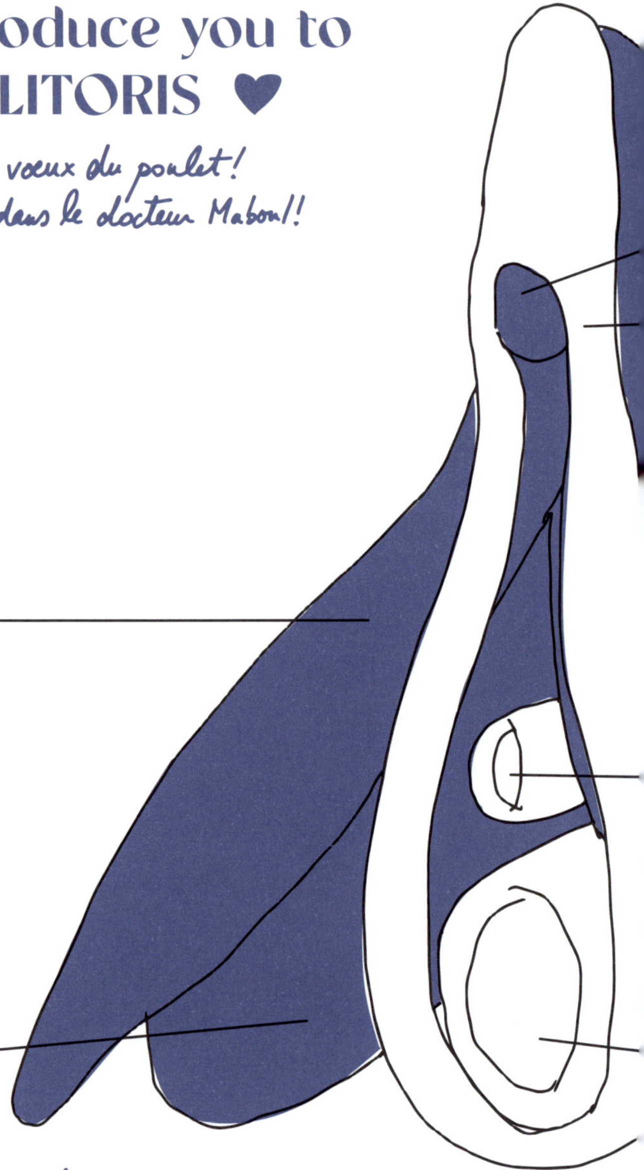

oui, les clitoris, ils sont comme
les apparts des années 70,
ils ont des vestibules.

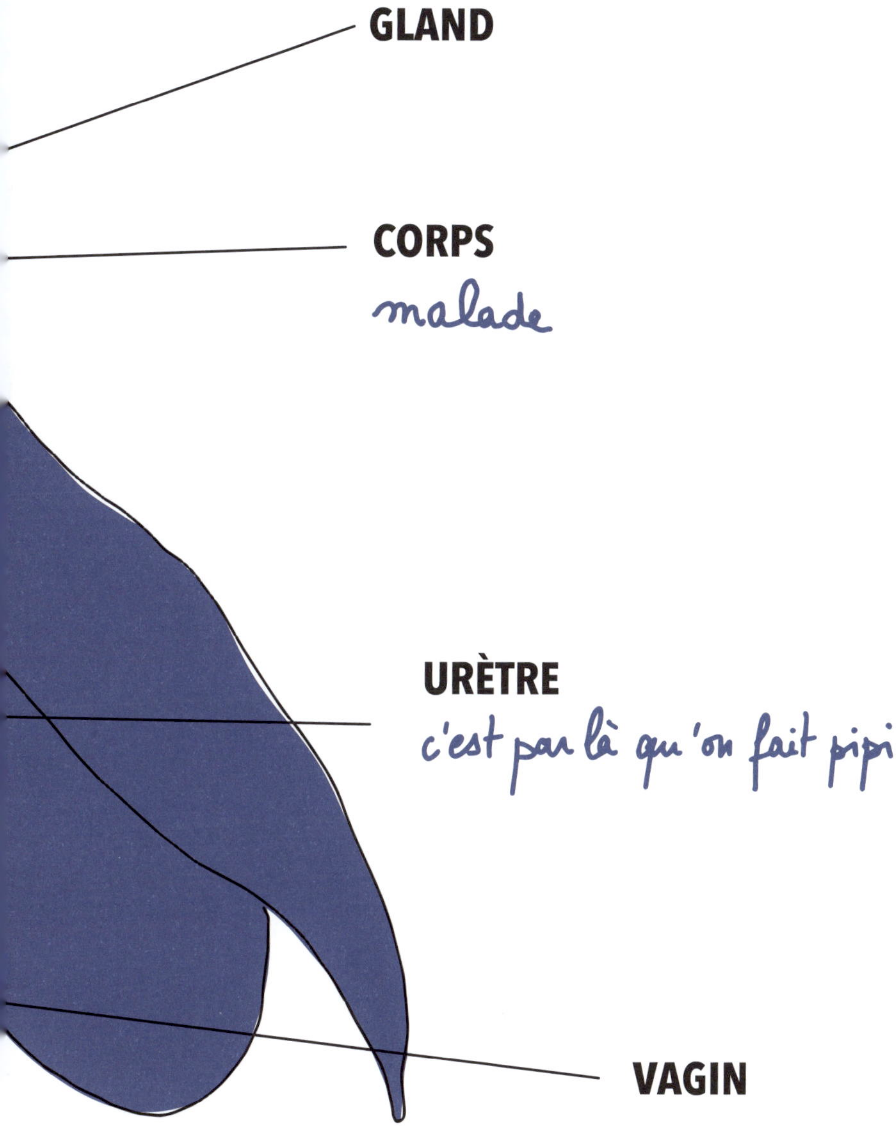

Et tout ça, ça ne fait pas 4 mm sur 4 mm comme on pense souvent, mais **entre 11 et 13 cm en moyenne.**

On a découvert tout ça parce qu'en 2009, il y a eu la première échographie du clitoris ; en 2016, c'était la première reproduction du clitoris en 3D ; et en 2017, ENFIN, la publication du schéma anatomique correct du clitoris dans un manuel scolaire.

Ça veut dire que la science, avant de s'intéresser à un organe qui était là depuis le début de l'humanité, a eu le temps de découvrir le grille-pain, le blanchisseur de dents et les sacs à dos connectés pour les pigeons. Pourtant, le clitoris n'est pas apparu soudainement en 2007 ! Claire Chazal n'a jamais dit :

« Madame monsieur bonjour, plus de la moitié de la population s'est réveillée ce matin avec un bouton magique au niveau du pubis, les scientifiques s'y intéressent en urgence afin de pouvoir vous en dire plus ! Sans transition, ... »

Non. Ce qu'il s'est passé c'est que la communauté scientifique était principalement masculine, et que bon, les trucs de bonnes femmes…

Surtout si c'est ce qui les fait jouir… on s'en fout.

Heureusement, le clitoris, longtemps méconnu, est maintenant de plus en plus étudié, montré, appris, et c'est tant mieux, car il est temps que l'on apprenne aux enfants que le sexe féminin est plein de choses, **SAUF** un sexe faible.

Voilà, ça, c'était le clitoris, mais en Vulgaire.

CHAPITRE 12

Amélie Mauresmo

En traînant sur YouTube, je suis tombée sur une interview d'Amélie Mauresmo.

Amélie Mauresmo, je l'adore, mais en fait, à part qu'elle est lesbienne, je ne sais pas grand-chose d'elle, et quand même c'est dommage, parce que je l'adore sans raison valable.

C'est vrai ça, c'est quoi sa carrière ? Elle fait quoi aujourd'hui ? Pourquoi elle m'a tant marquée ? Et surtout, elle a fait quoi de son confinement ?

Pour en savoir plus, j'ai regardé sur Internet, et je vais vous expliquer ce que j'ai compris.

On va parler de sa vie mais euh je vais pas faire des phrases à la mords-moi le nœud comme on a pu lire dans *L'Express* en 2005 :
« Amélie Mauresmo parle d'une voix veloutée et ses yeux sont deux émeraudes espiègles sous un front de gamine un peu butée. Il y a donc la joueuse – masque guerrier, muscles en relief – et son double. Dans la vie, la jeune femme tient plutôt de la belle plante, nature et sympa. »

NUL

Non, pas ce genre de phrases, mais des infos croustillantes, genre : elle a fait une Première S, son père était ingénieur et sa mère secrétaire de direction, ou encore, pendant le confinement, elle a jonglé au pied avec un rouleau de papier toilette. Pour le reste, les critiques sur son physique ou son look, on va laisser ça à 2005, si vous le voulez bien.

D'abord, Mauresmo, ça s'écrit avec le AU au début, et le O à la fin. Nan mais parce que bon. C'est important. Je comprendrais que vous arrêtiez la lecture de ce livre maintenant, car oui, on a trouvé l'info capitale qui manquait à nos vies.

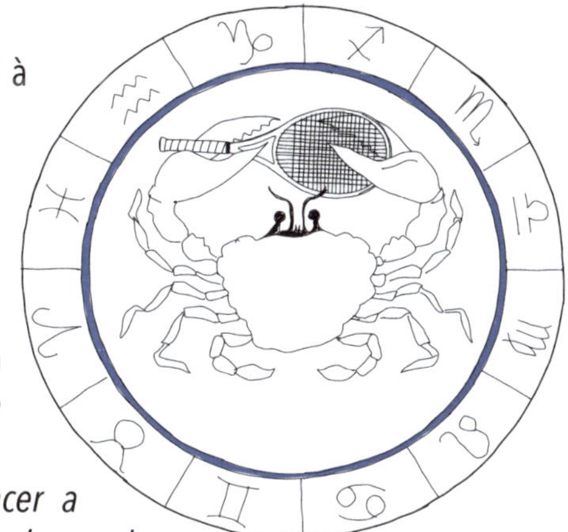

Amélie Mauresmo naît le 5 juillet 1979 à Saint-Germain-en-Laye, près de Paris.

Un petit Cancer quoi.

Selon Elle.fr, les Cancer sont des femmes appréciées pour leur tolérance, leur générosité et leur sens de l'accueil. Ça marche plutôt bien avec l'idée que je me fais d'elle.

Toujours selon Elle.fr, *« la femme Cancer a besoin d'un homme présent et investi dans le couple »*.

Bon là je suis moins sûre que ça marche pour Amélie à qui je conseille de ne pas lire l'horoscope dans Elle.fr, parce que visiblement la femme Cancer est forcément hétéro.

Mais bon, c'est pas le sujet.

La veille de ses 4 ans, Amélie est dans le salon familial, la télé est allumée, et elle voit Yannick Noah gagner Roland-Garros.

Ça lui fait un choc, et elle décide qu'elle fera la même chose que lui dans la vie : du tennis.

Perso moi à 4 ans, je regardais le Club Dorothée, c'est pas pour ça que je suis devenue une chaussette rouge et jaune à petit pois.

Elle dira même que plus que le sport en lui-même, ce qui lui a fait ce choc, c'est une envie profonde de vivre cette sensation de victoire.

Elle commence alors à jouer dans son jardin. Ses parents essayent de l'inscrire dans un club de tennis vers 5 ou 6 ans, mais elle est trop petite, parce qu'à l'époque il n'y avait pas le mini tennis. *Les cours pour les très jeunes enfants.*

Elle passe donc des essais avec le prof de sa ville, et à 6 ans, elle sait déjà servir et faire des revers.
Quand tu sais faire le plus difficile avant même de commencer un sport, c'est que c'est bien parti pour toi.
C'est comme si un champion de foot savait déjà faire une coupe de cheveux chelou avant de savoir jouer, c'est très rare, c'est très précieux.

Elle entre au tennis club de Bornel, mais elle n'y restera pas longtemps car il faut déjà l'envoyer vers des clubs avec plus d'infrastructure.

Aujourd'hui au TC Bornel, d'ailleurs, il y a un court de tennis qui porte son nom. Donc aujourd'hui à défaut de taper la balle avec Amélie Mauresmo, on peut jouer sur le court Amélie-Mauresmo, c'est un court couvert aux yeux d'opale, un cours belle plante. Superbe.

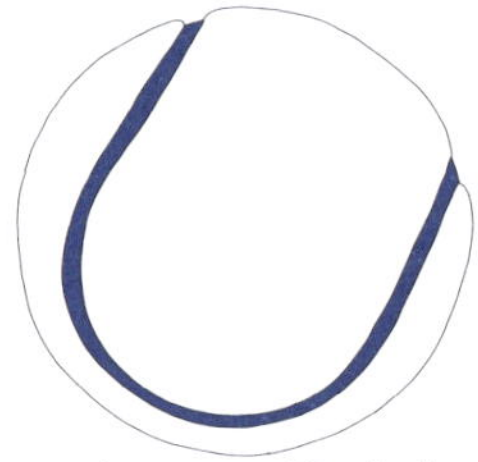

Elle arrive ensuite au TC Méru, en Picardie, dans lequel elle restera licenciée jusqu'à ses 20 ans.
À 11 ans, elle intègre une classe de sport études à Blois. Donc en internat.
Trois ans plus tard, elle entre à l'INSEP, qui est une école pour les sportifs de haut niveau. Elle n'aime pas trop cette période, parce qu'il y a beaucoup de rivalité et de compétition avec ses camarades de classe, et qu'elle trouve que c'est dur d'être loin de sa famille. Elle raconte notamment un Noël seule à l'autre bout du monde, bon, j'avoue, c'est un peu la définition de la *solitudine*.

Cela dit, elle estime que tout cela l'a forgée et préparée à son métier.

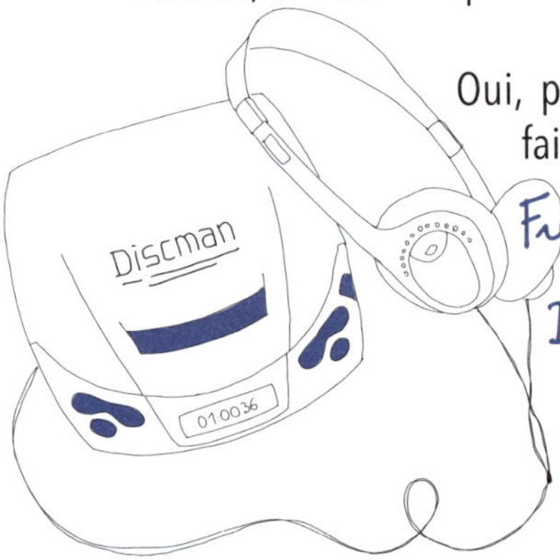

Freed From Desire

Oui, parce que la *solitudine*, c'était pas pour rien : elle fait de la compet', et en 1996, à 17 ans, elle gagne Roland-Garros Junior malgré une tendinite à l'épaule, remporte Wimbledon Junior, devient championne du monde junior, et certainement que, comme tout le monde en 96, elle écoute Gala dans un Discman.

Là, les choses sérieuses commencent, et elle entame une carrière pro d'une dizaine d'années : elle fait une entrée fracassante sur le circuit professionnel, et à 19 ans seulement, elle arrive en finale de l'Open d'Australie en battant la numéro 1 mondiale de l'époque : Lindsay Davenport.
Elle perd en finale contre Martina Hingis.
Bon, ça, c'est dommage, mais c'est pas très grave.

Quelques jours avant ça, dans une conférence de presse de l'US Open, elle a fait son *coming out*, genre improvisé.

Elle dira que même si elle ne regrette pas de l'avoir fait, c'était de l'insouciance et de la naïveté. Elle a raconté dans *On n'est pas couché* : « C'était assez naturel et je voyais pas où était l'événement, j'ai compris un peu après. »

Elle fait la une de *Paris Match* avec sa compagne de l'époque et le magazine titre :

Son *coming out*, c'était historique, très inspirant et empouvoirant pour beaucoup de femmes lesbiennes. ← **Merci Amélie** ♥

Mais aussi, c'était l'occasion pour les gens de dire plein de conneries. Notamment Martina Hingis, qui dira : *« Si elle vit avec une femme, c'est qu'elle doit être un demi-homme. »*

BÊTE **DÉGRADANT** **HOMOPHOBE**

On l'embête sur : son homosexualité, son physique, le fait qu'elle joue en short et non en jupe, sa musculature, le fait qu'elle ne gagne pas Roland-Garros, qu'elle ne tiendrait soi-disant pas sous la pression, etc. Et moi tout ça, ça m'énerve parce qu'en réalité, la seule chose vraiment critiquable chez Amélie Mauresmo à l'époque, c'est qu'elle portait des chouchous.

Bon je sais que ça revient à la mode là. Mais des CHOUCHOUS !

Je ne suis pas prête, je me remets juste des claquettes et des sacs banane. Laissez-moi du temps pour me reconstruire. Des chouchous, Amélie !

Bon en tout cas, dans ce tourbillon médiatique, Amélie continue sa route. En mars 2004, son père meurt, et elle réalise que, je résume, le tennis n'est pas tout, et, si jusque-là elle voulait de la victoire, elle s'autorise enfin à *perdre*.

C'est là que vient le déclic pour des grandes victoires comme celle de Yannick Noah.

Quelques mois plus tard, elle devient la première (et la seule) numéro 1 mondiale française depuis le classement informatique et avec son revers à une main, elle emporte deux titres du Grand Chelem : Wimbledon et l'Open d'Australie, et une médaille d'argent aux Jeux olympiques… La classe.

Avant elle, il y a eu Suzanne Lenglen au début du Siècle.

D'ailleurs, quand elle gagne Wimbledon, elle fait une vanne quand le Nelson Monfort local lui tend le micro sur le court :

"J'ai gagné, alors qu'on vienne plus me parler de mes nerfs !"

Elle a aussi joué dans le film *Astérix aux Jeux olympiques*, et dans *Les 11 Commandements* de Michaël Youn, donc Amélie Mauresmo ne lit probablement pas *Les Cahiers du cinéma*. Il paraît qu'elle aime bien boire des verres et jouer à la belote avec son équipe quand elle est en tournoi partout dans le monde. Il paraît qu'ils font des paris tout le temps et qu'ils rigolent beaucoup.

Après avoir gagné un paquet de matchs et de pognon, ses gains de jeu s'élèvent quand même à 15 022 476 $ elle met fin à sa carrière de joueuse le 3 décembre 2009. Sa fin de carrière est donc Sagittaire. Je ne connais pas la couleur des yeux de sa fin de carrière par contre.

Mais elle rebondit vite, puisqu'elle devient consultante sportive dans les médias, puis codirectrice de l'Open GDF Suez. Elle aide Marion Bartoli et Michaël Llodra, puis en 2012 elle devient capitaine de l'équipe de France de la Fed Cup, poste qu'elle quittera en 2016.

Entre-temps en 2014, Andy Murray lui demande de devenir son entraîneuse. C'est de nouveau un geste carrément historique, car c'est la première fois qu'une femme devient entraîneuse sportive pour un homme, d'autant qu'à l'époque il est numéro 1 mondial.
Ils s'entendent super bien, et deux ans plus tard, juste après avoir gagné une finale à Montréal, ce sera lui qui annoncera sur le court qu'elle vient d'accoucher. C'est un petit garçon qui s'appelle **Aaron**. Il est Lion. Il a des yeux.

Mais elle ne s'arrête pas là. Elle est ensuite nommée capitaine de l'équipe de France pour la Coupe Davis (de l'équipe des hommes donc) pour la diriger vers les JO de 2020, mais le fonctionnement de la Coupe Davis change, et en parallèle, elle devient entraîneuse du Français Lucas Pouille.
Pour éviter le conflit d'intérêts, et aussi parce que la nouvelle Coupe Davis la saoule, elle décide de quitter le poste de capitaine et se consacre à son travail avec Lucas.

Le 20 avril 2017, elle donne naissance à **Ayla**, qui est Bélier, comme toute la famille de Louane.

Sinon, bah, elle est assez énervante, Amélie.
Moi je la suis sur Insta et si je devais résumer son compte, c'est : des enfants et des bouteilles de vin. *Exactement la parentalité comme la décrit Florence Foresti.*

Elle aime vraiment le bon vin, et elle a une cave à faire pâlir d'envie à peu près tous les gens qui aiment le bon vin. Elle fait même un peu de négoce, et est associée dans une agence immobilière à Biarritz. Elle habite à Anglet, elle court des marathons, elle chantonne tout le temps, elle a fait du pain, des pancakes, et l'école à ses enfants pendant le premier confifi.

En gros, elle est trop cool.

Enfin pour terminer, dans une interview de Léa Salamé, Amélie Mauresmo a expliqué pourquoi les gens l'aiment tant :

« Je pense que je casse les barrières,
et c'est plus important
que d'avoir été numéro 1 mondiale. »

Cette phrase définit parfaitement l'image que j'ai d'Amélie Mauresmo maintenant : une femme inspirante, qui a décidé de toujours prendre sa place sans s'excuser ni revendiquer quoi que ce soit, ni penser au symbole. Elle en est devenue un malgré tout, et peut-être un peu malgré elle.

Voilà, ça, c'était Amélie Mauresmo, mais en Vulgaire.

Dopraline
1000mg
douleurs et fièvre

CHAPITRE 13

le paracétamol

Le paracétamol, c'est comme mon ex, mais en inversé : les deux trouvent toujours exactement là où ça fait mal. La différence c'est que l'un soulage la douleur, l'autre appuie dessus très fort en disant avec un air désolé : « *Je comprends pas pourquoi je suis pas tombée amoureuse de toi, tu es vraiment super, bonne continuation à toi.* » Gnagnagna.

Bref, j'aurais pu demander à mon ex comment elle fait pour trouver pile-poil l'endroit qui fait mal, mais j'ai préféré m'intéresser au paracétamol.
Du coup j'ai regardé sur Internet, et je vais vous expliquer ce que j'ai compris et je ne vous cache pas que je suis trop contente parce que je vais pouvoir utiliser des mots qui donnent instantanément l'air intelligent, comme : posologie, antipyrétique, ou encore : pipi.

Le paracétamol est le médicament le plus consommé en France, ainsi que dans le monde. Il sert à soulager pas mal de douleurs, à égalité avec *tous les mots que prononce Christiane Taubira.* Il est autorisé pour les personnes enceintes, pour les bébés, pour les personnes pas enceintes, pour les personnes pas bébés.
On le consomme sous les noms de : paracétamol, mais surtout Doliprane, Dafalgan et Efferalgan, et je trouve qu'on dirait des noms de personnages de dessins animés :

« Oh non ! Doliprane a trébuché dans le buisson ! Il doit souffrir ! Ne t'inquiète pas Dafalgan, je suis là pour vous protéger. Oh merci oncle Efferalgan. »

C'est un antalgique (ça veut dire qu'il est antidouleur) et un antipyrétique (donc il lutte contre la fièvre). En revanche, il n'est pas anti-inflammatoire, et il ne guérit pas. Il est pas joli, il est pas moche non plus, il est pas à gauche, il est pas à droite, il est pas maladroite. *Bref, le paracétamol n'est pas une chanson de Louise Attaque.*

Et alors comment fait le paracétamol pour savoir exactement où il doit aller pour nous soulager ?

Moi, comme j'ai grandi en regardant *Il était une fois la vie,* je pensais que les principes actifs des médicaments en arrivant dans le corps, ils passaient un coup de talkie à un monsieur avec une barbe blanche, qui lui disait :

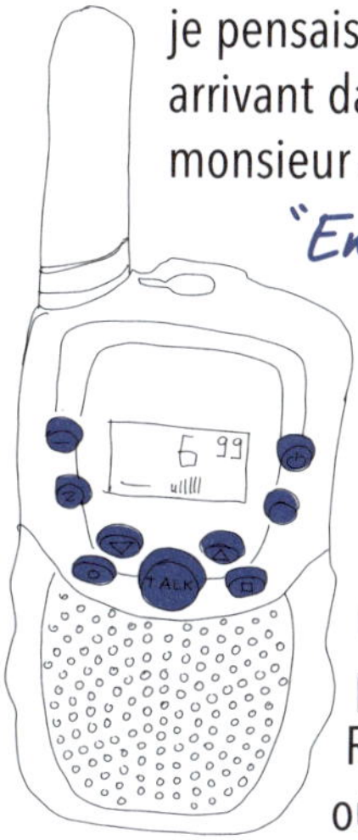

"Envoie ton armée au niveau du bas du ventre, elle a ses glemé, elle a mal."

Alors, le médicament dans son pantalon en legging, il y allait direct pour se battre contre la douleur.

Bon, mauvaise nouvelle, a priori et selon mes recherches, personne n'a de talkie-walkie dans son corps, personne ne dit « Roger, à vous », et surtout, le médicament, il ne va pas « que » là où on a mal.

On l'avale, il fait le petit trajet normal de la digestion, et il arrive dans le foie. Il passe alors dans le sang par lequel il fait tout le tour du corps. Quand on a besoin de lui, hop, il fait ce qu'il a à faire.

Le paracétamol non utilisé continue son petit tour jusqu'à être utilisé entièrement OU être totalement évacué par le foie, la bile, la rate, etc. C'est pour ça qu'on doit parfois en reprendre, parce qu'on n'en a plus dans le corps.

Moi je pensais que le paracétamol c'était inoffensif, rapport au fait que ça nous aide à nous sentir mieux, mais figurez-vous qu'en fait, c'est comme Anakin Skywalker : il peut retourner sa veste et tomber du côté obscur de la Force, comme ça.

Je suis ton père… acétamol.

Le paracétamol devient dangereux à partir de deux fois la dose recommandée, qui est de 3 grammes pour 24 heures. Au-delà de 50 kilogrammes, on peut prendre 1 gramme par prise max, toutes les 4 à 6 heures. Et si jamais on augmente la dose : il ne faut JAMAIS, au grand JAMAIS, prendre plus de 4 grammes pour 24 heures, car le paracétamol nous la joue Britney Spears, et il dit alors :

I'M TOXIC

Officiellement la dose toxique c'est 10 grammes. Et quand je vous dis dose toxique, c'est pas genre : *« Ouille ouille ouille vous allez être barbouillé.e. »* Enfin si, aussi, mais ça peut surtout être très dangereux, Dark Vador il rigole pas.

Je vous l'ai dit, c'est le foie qui évacue le paracétamol de notre corps, mais si on lui en donne trop, le foie est très vite débordé, et il finit par lâcher.
En fait, le foie, c'est le lycéen américain geek qui organise une soirée cigares et fromages avec ses 4 ami.e.s, et les 10 grammes de paracétamol qu'on ingère, c'est l'équivalent pour lui de tout le lycée qui débarque avec des machines à bière et du matériel digne du festival Tomorrowland en Belgique, et qui casse tout dans la maison.

C'est pour cela qu'il faut faire attention, même si on n'a a priori aucun souci de santé : pour ne pas submerger notre foie et éviter qu'il ne puisse plus accomplir sa fonction vitale. Pour les enfants, les personnes âgées, alcooliques, ou malades du foie, il faut être encore plus vigilants, et vérifier, notamment, si les autres médicaments qu'on prend n'en contiennent pas. Il suffit de deux jours pour détruire un foie, et ça peut entraîner la mort.
Et alors j'ai appris que comme c'est toxique à 10 grammes, on vend des boîtes de 8 grammes maximum, pour prévenir les suicides et les accidents.

" je suis votre foie et j'approuve ce message "

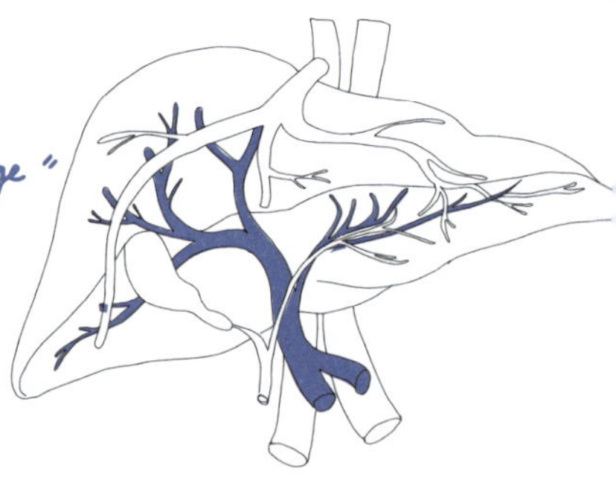

Bon enfin voilà, c'est la GROSSE DÉCONNE. J'ai un peu pété l'ambiance du livre, je le sens bien. Je vous rassure quand même, le paracétamol, à la bonne dose, c'est vraiment génial et très conseillé.

Après, si vous voulez que je vous explique vraiment l'action concrète du paracétamol, ça va être compliqué, parce que figurez-vous qu'on n'a pas encore bien compris comment ça fonctionne.

Quand je dis on, je parle bien sûr de moi, de mes collègues de la licence 3 d'études théâtrales de la Sorbonne Nouvelle, mais aussi des autres scientifiques, que j'appelerai ici : "les vrais scientifiques".

Une des théories serait que le paracétamol empêcherait la COX-3 cérébrale, *je sais pas ce que c'est mais je fais comme si* d'être en contact et d'interagir avec l'acide arachidonique, *je sais pas non plus ce que c'est* parce que mélangés, ces deux trucs créent : *de la prostaglandine*

La prostaglandine, c'est une substance qui rend les terminaisons nerveuses très sensibles. En gros, c'est ça qui crée la douleur et la fièvre.

Il semblerait que le paracétamol s'interpose entre la COX-3 cérébrale et l'acide arachidomachin, comme ça, hop, ils ne fricotent pas ensemble et ne créent pas la prostaglandine, donc la douleur et la fièvre.

Si j'ai bien compris les autres théories, ce serait dû à la transmission sérotoninergique ou la potentialisation des endocanabidoïdes mais bon ça, c'est clair, j'ai pas besoin de vous l'expliquer.

Comment j'imagine la COX-3 cérébrale.

Si vous vous demandez comment a été découvert le paracétamol, sachez que c'est un coup de bol.

En 1806, deux mecs, Arnold Cahn et Paul Hepp, bossent sur un truc qui s'appelle le naphtalène. Ils en manquaient alors ils en ont commandé et la pharmacie s'est plantée, elle a livré de l'acétanilide. Ils se rendent compte que ce truc a des propriétés antipyrétiques (contre la fièvre, rappelez-vous). Ça s'appelle une découverte par sérendipité. Qui est quand même un mot trop cool pour dire :
"J'ai fait mille ans d'études mais c'est grâce à un gros hasard que j'ai trouvé un truc et c'est mi-cool mi-les boules."

Et en même temps, moi ça m'arrive jamais ça… Quand la pharmacienne se plante en me donnant un médicament, bon bah je dis : *Meeeerde.*
Et c'est tout. J'invente pas un autre médoc.

Ils commercialisent ça sous le nom d'antifébrine.

1888, donc beaucoup d'années plus tard :
Une usine de colorants réalise que dans ses déchets il y a une molécule qui est le paranitrophénol. Ça ressemble à l'acétanilide, le truc que les deux gars ont trouvé par hasard.

Oscar Hinsberg, un chimiste, bosse dessus et mélange ça à de l'acétanilide, ça devient de l'acétophéniditine. C'est aussi contre la fièvre, et c'est commercialisé sous le nom de phénacétine : d'après Hinsberg, il a plus de puissance et moins d'effets indésirables que l'antifébrine.
Je trouve ça dingue : ça ne m'arrive jamais ça par exemple. Moi quand j'ai des trucs dans ma poubelle, je les fais pas analyser pour regarder si ça fait des nouvelles molécules. Je dis : *Meeeerde.*
Et c'est tout. J'invente pas un autre médoc.

Donc on vend la phénacétine. ← *C'est le paracétamol*

Un an plus tard, on réalise que les gens qui en prennent ont dans leurs urines de l'acétaminophène.

Karl Corner, un autre scientifique, étudie ça : il découvre que le paracétamol qui est dans ces urines a des propriétés contre les douleurs et la fièvre.
Mais il est écarté et les gens continuent de vendre la phénacétine.

En même temps moi un gars me dit : *"J'ai analysé plein de pipis, et vraiment ce qui en ressort c'est des Dolipranes,"* j'avoue je le crois pas non plus.
Je dirais : *"Oui oui bien sûr, le pipi est un antidouleur, bien sûr Stéphane. Si le pipi était un antidouleur, pourquoi on aurait mal pendant les cystites ? Hmmm ? Ah bah je suis pas que jolie hein. Ça tourne là-dedans. Et arrête de jouer avec le pipi des gens, Stéphane."*

Selon moi, ça ne tient pas, la théorie du pipi qui soigne. Un pipi peut soulager, ça c'est vrai. Exemple : quand t'as attendu très longtemps qu'il y ait une station-essence.
Mais sinon aucune douleur ne craint le pipi.
La douleur elle dit pas :

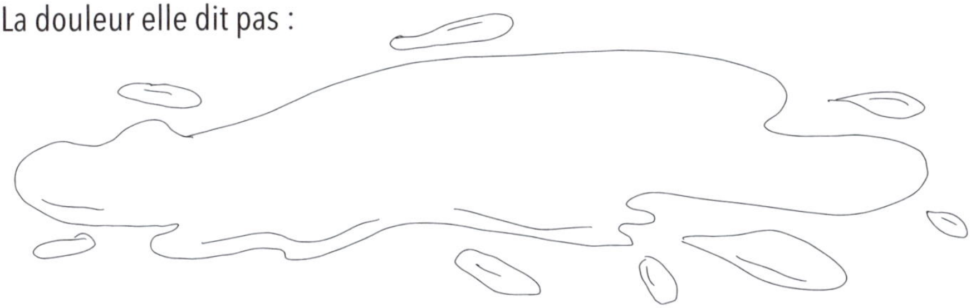

"Je suis une douleur insupportable, vous ne m'aurez jamais ! Quoi ! Du pipi ?! Non ! Non ! Ne m'aspergez pas de pipi ! Ne m'aspergez pas de pipi ! C'est ma Kryptonite ! Ma Krypipitonite ! Je meurs, je meurs ! Je meurs et je colle !"

Nan, ça marche pas, on n'est pas des méduses.

Ils réalisent finalement que la phénacétine est nocive pour les reins, et que l'antifébrine, le premier truc commercialisé, a des effets indésirables au niveau sanguin. Elles sont toutes les deux retirées du marché, et comme ces deux molécules sont proches du paracétamol, on conclut que c'est également nocif.

1948 : les chimistes Bernard Brodie et Julius Axelrod reviennent un peu sur cette histoire de pipi.

Ils découvrent que quand on prend de l'acétanilide, le truc trouvé par hasard au début, le corps fabrique du paracétamol qui est un antidouleur.
Puisque l'acétanilide est nocif, ils se disent qu'il faut directement filer du paracétamol. Si vous voulez, c'est comme les NSYNC. Ensemble c'est pas dingue alors que si on extrait Justin Timberlake, tout seul, c'est de la balle.

Aujourd'hui, le paracétamol est donc commercialisé directement (sans l'acétanilide), en vente libre en pharmacie et ça a toujours autant de succès.

**Voilà, ça,
c'était le
paracétamol,
mais en Vulgaire.**

CHAPITRE 14

le Tour de France

Dans ce chapitre, nous allons parler du Tour de France.
Et là je sais que vous allez me dire : *« Mais Marine, le Tour de France, tu connais déjà, c'est des mecs blancs en sueur, avec des shorts rembourrés et des casquettes à la con qui suivent à vélo une 2CV Cochonou et trois motos de caméramans de France Télévisions à travers la campagne, pendant que Jean-René Godart gueule dans le micro et que son pote nous décrit tous les ans les mêmes châteaux de la Loire. »*

Alors oui, c'est vrai. C'est ça, et ça, on connaît.

Mais connaît-on l'histoire du Tour de France ? Pourquoi ça a commencé ? Comment ? Les mecs se sont-ils toujours dopés ? Et surtout : pourquoi mon père qui se fout du foot et du rugby devient-il fou devant sa télé tous les après-midis de juillet ?

Alors du coup, vous me connaissez, j'ai regardé sur Internet, et je vais vous expliquer ce que j'ai compris.
Pour ce chapitre, je suis accompagnée ici d'un invité d'honneur, un spécialiste, abonné à la revue *Le Cycle* depuis que je le connais : mon papa, Bruno Baousson.

Dis bonjour papa !

BONJOUR !

l'histoire du Tour de France

Au début du XXe siècle, deux journaux sportifs se faisaient la guerre, car ils voulaient tous les deux avoir la première place des ventes. Ce qui est très con. Quand on veut devenir numéro 1 des ventes de magazines, il suffit juste de faire deux numéros sur Xavier Dupont de Ligonnès. *Tout le monde le sait.*

Bref, d'un côté, on a un magazine sportif qui s'appelle *Le Vélo* et d'un autre, un magazine sportif qui s'appelle *L'Auto*. Grosse rivalité entre *L'Auto* et *Le Vélo*, comme à Paris actuellement, notamment parce que *L'Auto* s'appelait avant *L'Auto-Vélo*, mais le magazine *Le Vélo* les a attaqués en justice et ils ont perdu le droit d'utiliser le mot « vélo » dans le titre, bref, *L'Auto* a une revanche à prendre. On est en 1902 : le cyclisme c'est LE sport des Français, c'est genre, le foot aujourd'hui mais en vélo. Je ne le savais pas mais

Géo Lefèvre (Géo pour Georges : très bon surnom), un journaliste sportif et passionné de cyclisme, propose à Henri Desgrange, ancien cycliste pro et directeur du magazine *L'Auto*, une idée : une course de vélo, plus grande et plus vaste que celles organisées par *Le Vélo*, qui serait une course à étapes à travers la France.

Ça se met en place et en 1903, la course se lance, présentée déjà comme la plus grande course cycliste au monde.

Elle fait 2 428 km, dure un mois et compte six étapes seulement :

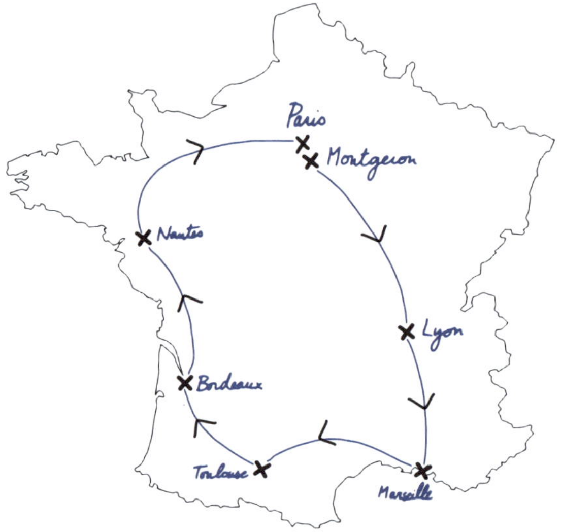

Paris-Lyon par exemple, ça faisait une étape de 467 km. C'est énorme. Les coureurs avaient quelques jours pour s'en remettre avant la suite de la course, mais quand même !

ET TOUT ÇA SANS SOIGNEURS, SANS MÉCANICIENS, SANS RAVITAILLEMENT SUR DES ROUTES DÉFONCÉES, QUAND IL Y AVAIT DES ROUTES... AVEC DES VÉLOS QUI FAISAIENT PLUS DE 20 KILOS, QUI N'AVAIENT PAS ENCORE DE DÉRAILLEURS, DONC LES COUREURS NE POUVAIENT PAS CHANGER LES VITESSES... PAS PRATIQUE EN MONTAGNE !

Aujourd'hui, le Tour fait 3 500 km, il y a 21 étapes, 2 jours de repos, les étapes font en moyenne 200 km, c'est déjà beaucoup... MOI J'AI JAMAIS FAIT PLUS DE 140 KM, ET JE NE PEUX PAS RECOMMENCER LE LENDEMAIN MATIN !

Le premier vainqueur s'appelait Maurice Garin, il a gagné trois étapes, et a fini le Tour avec une avance finale de 2h49. Aujourd'hui ils gagnent en général avec des avances de quelques minutes, voire de quelques secondes seulement.

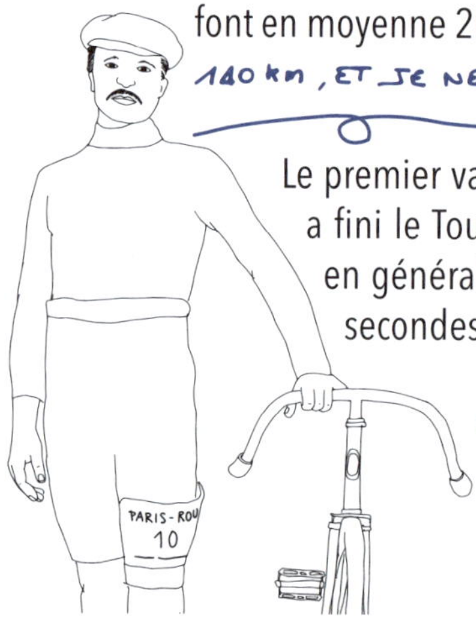

Ce premier Tour de France passionne les lecteurs et fait exploser le magazine *L'Auto*, qui passe devant le magazine *Le Vélo*.

L'année suivante, Henri Desgrange relance une édition du Tour de France mais ça ne se passe pas comme prévu, parce que bah… le premier a cartonné, du coup il y a de la jalousie, de la tricherie, des actes malveillants comme des clous lancés sur la chaussée ! Heureusement qu'on ne fait plus ça aujourd'hui !

BEN SI, ÇA SE FAIT ENCORE ! RÉCEMMENT DES CLOUS ONT ÉTÉ DÉPOSÉS PAR DES CHASSEURS POUR ÉLOIGNER LES PROMENEURS À VTT.

Il y a également des actes de chauvinisme : comme les spectateurs soutiennent les coureurs régionaux, ils agressent les autres coureurs. En fait le public confond le Tour de France avec Miss France, quoi, où on soutient sa région.

À cause de tous ces actes malveillants sur le Tour numéro 2, plusieurs mois après la fin de la course, on déclasse les quatre premiers arrivés, et on finit par désigner un nouveau champion. Là, on pense que le Tour ne repartira jamais.

Henri Desgrange dira même : « Ce Tour de France aura été le dernier, il sera mort de son succès, des passions aveugles qu'il aura déchaînées. » Très bonne épitaphe. J'aimerais trop qu'on écrive ça sur ma tombe.

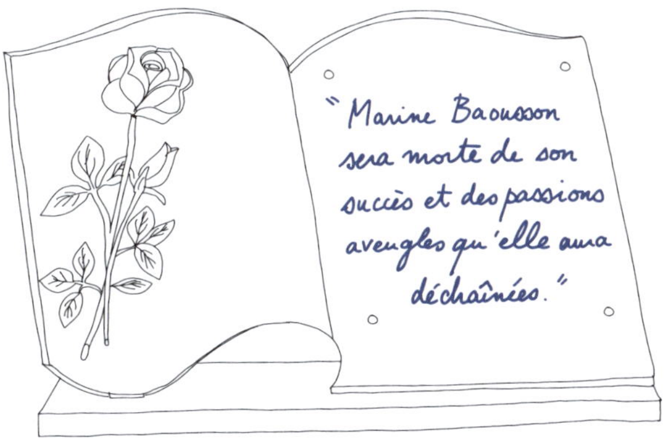

J'AIME BIEN AUSSI (CHOISISSEZ CELLE QUE VOUS PRÉFÉREZ)

- C'EST SA DERNIÈRE MAIS SA PLUS LONGUE ÉTAPE.
- ELLE A PRIS LE DÉPART POUR FAIRE SA DER' AILLEURS.
- C'EST SON PLUS LONG JOUR DE REPOS.

En 1905, le Tour repart, cette fois avec un classement, non au temps, mais aux points. Au fil des années pour ne jamais lasser le public, Desgrange, qui a plein d'idées, tente tout un tas de trucs :

– Il fait partir les équipes séparément, d'ailleurs une année il teste même une version avec 3 remplaçants possibles.
– Il n'invite pas les coureurs qui sont trop forts C'EST SÛREMENT POUR ÇA QUE JE N'AI PAS FAIT LE TOUR CETTE ANNÉE-LÀ.
– Il paye les coureurs du peloton quand il trouve que ça ne va pas assez vite et qu'il veut qu'il y ait du spectacle.
– Il paye des coureurs pour perdre.
Ça ne les dérangeait pas de perdre : certains cyclistes se battaient effectivement pour avoir la dernière place car après ils faisaient **des critériums** et tout…
Le dernier du Tour est surnommé la lanterne rouge, en référence aux feux rouges qui signalent l'arrière d'un véhicule.

Il s'est passé des trucs fous pendant ce Tour de 1905 : un jour des coureurs sont rentrés en bus. Une autre fois, à Nice, ils se sont arrêtés pour aller se baigner, incroyable !
Plus tard, Desgranges crée des équipes nationales : le Tour paye désormais les frais des coureurs, du coup ils ont tous des vélos de la même marque, et comme ça fait des frais, il commence à faire payer les villes étapes, et il crée la caravane du Tour en 1930 : des grosses entreprises comme les chocolats Menier payent pour passer avant le peloton…

Bien plus tard, Yvette Horner est devenue connue parce que dans les années 50 elle a commencé à jouer de l'accordéon sur le toit d'une voiture pendant toute la route de la caravane du Tour. Elle remettait le bouquet au vainqueur et animait un bal le soir. Elle a fait ça pendant 11 ans. Parfois quand elle était crevée elle tentait des trucs comme par exemple : mettre un mannequin et un disque d'accordéon mais les gens n'étaient pas contents et jetaient des tomates, du coup elle devait faire tout le Tour.

Bref, revenons à Desgrange. Il met en place le contre-la-montre en 1936, mais bon comme les Belges sont trop forts et qu'ils gagnent tout le temps, l'organisation décide de réduire le nombre d'étapes. Aussi, le maillot jaune est créé en 1919, après que le Tour a été arrêté quatre ans pendant la Première Guerre mondiale. D'ailleurs, le magazine continuait de donner des nouvelles des coureurs pendant la guerre puisque même au front, Desgrange écrivait des articles.

Le maillot jaune :

Ce maillot naît de la volonté d'Henri Desgrange de distinguer plus facilement le leader du classement général. Le choix de la couleur jaune présente un double avantage, car c'est à la fois la couleur des pages du journal *L'Auto*, tout en étant une couleur absente des maillots portés par les coureurs du Tour…

Depuis il existe le maillot vert pour : MEILLEUR SPRINTEUR
Le maillot blanc : MEILLEUR JEUNE
Le maillot rouge à pois pour : MEILLEUR GRIMPEUR

Il y a aussi le prix souvenir Jacques Goddet pour le premier qui franchit le col du Tourmalet, le prix souvenir Henri Desgrange pour le premier qui franchit le col du Galibier, en hommage au créateur… C'EST LE PREMIER GRAND COL QUE J'AI MONTÉ. MONTER UN COL, ÇA SE RÉUSSIT AU MENTAL : IL FAUT GÉRER L'EFFORT POUR ARRIVER EN HAUT. BIEN SÛR, IL FAUT AUSSI UN MINIMUM D'ENTRAÎNEMENT !

Henri Desgrange est resté à la tête de la course jusqu'en 1940. Cette année-là, le Tour est de nouveau annulé, cette fois à cause de la guerre, et il doit quitter l'organisation parce que… bah, il meurt.

ÇA ARRIVE À TOUT LE MONDE

Les coureurs qui ont porté le maillot jaune le plus de fois sont : Eddy Merckx : 111 fois ; Lance Armstrong, 83 fois (mais il a été disqualifié) ; et enfin Bernard Hinault, 79 fois.

MOI QUAND J'ÉTAIS PETIT, J'ÉTAIS DANS LE MÊME CLUB QUE BERNARD HINAULT, AU CLUB OLYMPIQUE BRIOCHIN !

Pendant l'Occupation, les Allemands, qui ont bien compris que le Tour de France rallie tout le peuple français, décident qu'ils feraient bien aussi un petit Tour de France, pour se mettre les Français dans la ~~poche~~… DANS LA MUSETTE. L'idée c'est, je cite, *« de légitimer leur pouvoir en autorisant à nouveau une grande manifestation publique »*.

Là, le nouveau directeur de *L'Auto*, Jacques Goddet, le mec du prix souvenir, REFUSE. Il avait du courage, quand même. Moi les Allemands m'auraient dit *« tu nous fais le Tour de France »* avec un fusil sur la tempe, je pense que j'aurais fait : *« Oui, pas de… pas de problème, je vous fais ça direct, vous préférez qu'on passe par où du coup ? Berlin ? mais c'est pas en France… oui c'est très joli Berlin aussi effectivement. »*

D'autres courses sont alors organisées par d'autres anciens journalistes de *L'Auto* maiiis le nouveau directeur refuse que ça s'appelle le Tour de France, et de toute façon le peuple n'est pas au rendez-vous… dans les dents les Allemands.

Le magazine est interdit de publication et en 1947, *L'Auto* devient :

L'ÉQUIPE

L'Équipe relance le Tour, qui se balade davantage à travers la France : des départs sont organisés ailleurs qu'à Paris, c'est plus audacieux et plus inclusif. Peu à peu, il devient télévisé, on met d'abord des résumés d'étapes au journal, puis des arrivées en direct, puis les dix dernières minutes de certaines étapes, et à partir de 1964, les étapes sont retransmises en intégralité.

MOI JE REGARDAIS EN NOIR ET BLANC, C'ÉTAIT PAS TRÈS NET MAIS C'ÉTAIT PALPITANT !

Le fait que le Tour soit retransmis à la télévision attire des partenaires commerciaux. Le fonctionnement change alors : les courses n'opposent plus des équipes nationales, mais des équipes de marques, comme aujourd'hui. Dans le Tour 2021, on a pu retrouver par exemple des équipes de : Arkea, Cofidis, AG2R Citroën, B&B Hotels, Groupama-FDJ, etc.

Dans les années 1970, l'événement se détache du journal *L'Équipe* et le Tour de France devient une entreprise. En revanche, elle est toujours dirigée par les mêmes personnes. Bon, elle est déficitaire, et c'est chaud, mais encore une fois, cette organisation renaît parce que justement, c'est une fête populaire, et qu'elle va dans les campagnes. Le Tour devient alors une grosse machine publicitaire et économique.
Cette course est tellement importante que des coureurs axent toute leur carrière et leurs entraînements de l'année dans l'espoir de la faire.

Mais si le Tour de France est si connu, c'est aussi pour ses scandales récurrents, notamment en ce qui concerne le dopage.

MOI JE ME DOPE UNIQUEMENT À L'AMOUR DE MES ENFANTS

Fayot.

OUI, JE SUIS LE FAYOT JAUNE.

Le dopage a toujours été présent sur le Tour, les premiers coureurs se « dopaient » et buvaient de l'alcool pour tenir le coup. À partir de 1966, il y a des contrôles antidopage. Le célèbre coureur Jacques Anquetil n'est pas content, alors il lance une grève avec ses potes. Après la mort de Tom Simpson sur le mont Ventoux, qui ne cachait pas qu'il se dopait, il y a un tirage au sort après chaque étape dès 1967, et les mecs doivent se soumettre aux tests. Ça a commencé à devenir plus fort avec l'arrivée de l'EPO. En 1998, énorme scandale, toute l'équipe Festina est impliquée : en fait y a un contrôle de douane dans une voiture d'un soigneur de l'équipe, et on trouve beaucoup, beaucoup, BEAUCOUP de produits dopants. Virenque nie, mais les Guignols créent la désormais célèbre phrase : « JE ME SUIS DOPÉ À L'INSU DE MON PLEIN GRÉ »

Toutes les équipes subissent alors des perquisitions, du coup les coureurs font grève.

Depuis 2000, les contrôles se sont intensifiés mais le Tour n'échappe pas au dopage : de 1999 à 2011, neuf victoires ont été annulées :

Lance Amstrong : sept fois
Alberto Contador : une fois
Floyd Landis : une fois

C'EST DOMMAGE, CES VICTOIRES ONT ÉTÉ ANNULÉES MAIS ELLES N'ONT PAS ÉTÉ RECRÉDITÉES AUX DEUXIÈMES.

Aujourd'hui, gagner le Tour de France est une victoire d'équipe et non une victoire individuelle…

Bien que les primes soient attribuées individuellement, les coureurs d'une même équipe se partagent collectivement leurs gains depuis la fin des années 1940. Ce fonctionnement incite les coureurs à aider leurs coéquipiers à obtenir de bons résultats, quitte à sacrifier leurs propres chances.

Le vainqueur du Tour gagne 500 000 euros,
et chaque victoire d'étape rapporte 11 000 euros.

AH OUAIS, J'AURAIS PEUT-ÊTRE DÛ CONTINUER…

Voilà, ça,
c'était le Tour
de France,
mais en Vulgaire.

FAITES DU VÉLO ET PORTEZ UN CASQUE !

Bruno

CHAPITRE 15

les abeilles

Quand l'été arrive, c'est trop cool parce qu'il y a le melon et les nectarines, *obviously*, mais c'est moins cool parce que des trucs volent au-dessus de mes oreilles quand je suis pile-poil sur le point de m'endormir ou que je suis en terrasse chez mes parents à manger de l'aïoli sur plein de choses délicieuses passées au barbeuk, tranquille posey.

Ouais, moi j'ai peur d'à peu près tout ce qui vole mais je m'y connais pas assez en marques d'insectes pour les reconnaître. *Pour moi tout ce qui vole et qui pique c'est soit un moustique, soit une abeille, soit les Fillon.*

Les abeilles, d'ailleurs, tout le monde en parle tout le temps, genre *ouais gagna les abeilles c'est important gnagnagna,* et moi, comme je m'y suis jamais intéressée, je sais pas trop pourquoi.
Alors, j'ai regardé sur Internet, et je vais vous expliquer ce que j'ai compris.

SPOILER ALERT : Maintenant je kiffe trop les abeilles.

Truc de ouf numéro 1 à absolument connaître sur les abeilles :
Seules les femelles piquent, parce que les mâles n'ont pas de dard. C'est d'ailleurs ce qui les différencie de nous : pour nous c'est le contraire, ce sont les mâles qui ont le dard.

D'ailleurs, les mâles ne sont pas nombreux : pour 80 000 femelles, on trouve quelques centaines de mâles seulement, et ils ne foutent rien du tout.

Ça par contre c'est pareil que chez les humains :
ce sont les femelles qui ont la charge mentale.

Mais les abeilles ne sont pas connes : quand l'hiver arrive, puisque les mâles tapent dans les provisions sans s'investir dans la ruche, ils se font chasser par les ouvrières, et vont mourir de froid et de faim dehors. J'adore !

Ce qui me fascine c'est qu'il n'y ait jamais eu un mâle qui se soit dit : *« T'sais quoi ? J'vais filer un petit coup de main, on verra si on me dégage toujours ! »*

NAAAN !
Le mec abeille il se dit : *« Moi bosser ? Mais plutôt crever ! »*
Et d'ailleurs, il meurt.

Truc de ouf numéro 2 :

Les abeilles vivent quatre à six semaines, et dans leur vie, elles vont faire toutes les étapes possibles dans l'échelle sociale des abeilles.
Elles commencent en étant **nourrices**. En gros, c'est l'adolescence : elles babysittent les larves, les nourrissent, etc.

Quand elles ont 15 jours, hop, promotion obligatoire : elles deviennent **bâtisseuses**. Leur organisme produit de la cire et avec ça elles fabriquent des trucs.
Nous les humains, à l'adolescence, on fait de l'acné mais on ne s'est jamais dit : *« Tiens si j'en faisais quelque chose, un cendrier, ou je sais pas. »*
Elles, avec la cire, elles organisent des pièces, bouchent des alvéoles remplies de miel, retapent la ruche, mettent des vérandas et des grosses lampes en galet…
C'est leur période Valérie Damidot : aménagement et compagnie.

Assez vite, elles deviennent **magasineuses** : elles récupèrent le nectar des fleurs qui a été ramené à la ruche pour le stocker dans les alvéoles et elles fabriquent le miel.
Qu'on trouve dans les magasins.
C'est pour cela qu'on les appelle les « magasineuses ».

Enfin ça c'est ce que j'ai inventé dans ma tête pour bien m'en souvenir.

Enfin, elles peuvent sortir de la ruche quand elles deviennent **butineuses** : à partir du 21e jour, elles vont récolter du nectar et du pollen.
Cela veut donc dire que les abeilles qu'on voit et qui nous font peur : ce sont de vieilles abeilles ménopausées depuis longtemps, genre trois jours *(c'est hyper long en temps d'abeille).*
Tu m'étonnes qu'elles soient agressives !! Elles ont des bouffées de chaleur et des sautes d'humeur, les pauvres. Elles entendent plus trop, elles n'en ont plus rien à foutre de la politesse, elles ont des hanches en cire, elles font ce qu'elles peuvent quoi.

Et alors comme toutes les vieilles, elles aiment bien danser.

Ah bah, l'abeille, tu lui mets n'importe quelle musique, elle te fait un madison dessus.

Je m'explique :

Quand elles vont butiner, pour savoir où elles sont, elles mémorisent des repères au sol et s'orientent avec le Soleil et à l'odeur car toute la ruche a l'odeur de la reine.

La reine elle doit avoir un parfum qui reste en tête genre Le Mâle de Jean Paul Gaultier.

Quand elle rentre à la ruche, l'abeille mesure l'angle entre le Soleil et la fleur d'où elle vient. Elle a fait un bac S quoi. Une fois dedans, ça devient *Danse avec les stars :* elle vole en formant une sorte de 8, c'est ça leur danse.
Le centre du 8 indique la direction de la fleur, si tu le suis tu vas y arriver.

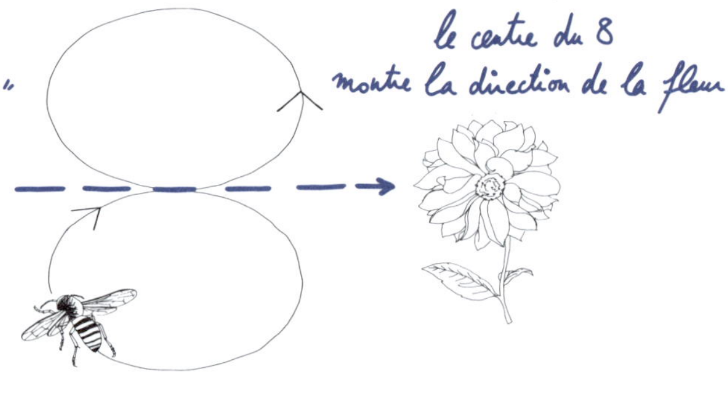

Et pour indiquer la distance de la fleur, elle fait des minis allers-retours, des sortes de petits frétillements.

Un frétillement = 20 mètres. *C'est hyper précis comme GPS !*

J'aimerais trop qu'on fasse la même chose nous.

« Excusez-moi, je cherche La Mie câline ?
– Oui bien sûr laissez-moi juste checker le Soleil…
C'est pas loin vous y êtes en 5 frétillements. »

Truc de ouf numéro 3 :

C'est une monarchie.

Y a une reine, et elle rigole pas. Déjà parce qu'une abeille normale ça vit quatre à six semaines, et qu'elle elle dure trois à cinq ans. C'est Michel Drucker la meuf elle meurt jamais. *Ou la misogynie. Elle meurt jamais non plus.*

Si elle vit aussi longtemps c'est parce qu'elle ne mange QUE de la *gelée royale*. Ça coûte une blinde chez Naturalia, la gelée royale, mais franchement si ça fait vivre 5 400 fois plus longtemps qu'une abeille normale, ça vaut le coup.

ELLE DOIT TELLEMENT SE LA PÉTER LA REINE !!
Elle doit avoir des photos sur son Insta genre :

« Posée dans une alvéole avec mes babyyyyys à siroter un smoothie à la gelée royale. Promo sur ma gelée royale en swipant avec le code REINE30. »

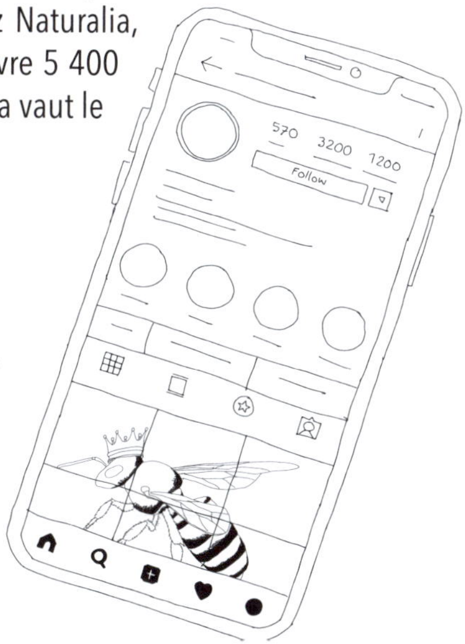

La reine ne sort jamais de la ruche, sauf une fois, une semaine après sa naissance, pour faire un vol nuptial. Elle sort avec une dizaine de mâles, qu'on appelle des faux-bourdons. *Déjà c'est chaud : quand tu t'appelles un faux quelque chose, qu'on s'en fout que tu aies un vrai nom à toi, c'est que ton avenir est compromis. Moi je parie pas sur toi. Un faux-bourdon c'est clair il va pas à Baltard.*

Donc elle sort de la ruche entourée des faux-bourdons pour se faire féconder, pour vous donner une image c'est un peu comme quand la reine Élisabeth se balade avec ses corgis tout autour d'elle.

Sur son chemin, elle croise un faux-bourdon d'une autre ruche, qui la déglingue, et instantanément : il meurt. Elle continue sa route, rencontre un autre faux-bourdon qui la déglingue aussi puis meurt. Elle reprend son chemin, un faux-bourdon fait ce qu'il a à faire et meurt à son tour, etc.

Les autres faux-bourdons, ils doivent trop se foutre de la gueule des faux-bourdons qui sont morts : *« Ah les gros nazes ils sont morts ! »*
Mais en fait, ils rentrent à la ruche, et BIM : les ouvrières les tuent, parce qu'ils n'avaient qu'à féconder la reine, ces petits puceaux.
Et ils se foutaient de la gueule de ceux qui avaient fécondé la reine, mais eux au moins : **ils ont baisé !**

Ensuite, la reine stocke le sperme des faux-bourdons morts, et elle s'en sert pendant les trois à cinq ans de vie qui lui restent. Dit comme ça, j'avoue, ça fait glauque. Imaginez la voix de Christophe Hondelatte qui vous raconterait ça : vous seriez cho-qué.e.s.

« La reine conservait en elle le sperme de ses amants décédés. »
Flippant hein ?

Elle stocke tout ça en elle, dans une partie de son corps qui s'appelle : une spermathèque. C'est comme une bibliothèque, avec du sperme. Personne n'a ça chez soi ! *Sauf si vous avez des adolescents, auquel cas c'est dans une chaussette, sous le lit.*

Grâce à sa spermathèque, elle n'a plus jamais besoin de refaire de vol nuptial, elle a stocké suffisamment de sperme pour s'en servir toute sa vie. En gros elle se fait déglinguer une fois, et pouf, elle en a pour cinq ans. *Comme moi en fait.*

Parfois, quand elle est trop vieille, les ouvrières décident elles-mêmes de dégager la reine. Elle doit être trop dégoûtée. Elle les a toutes enfantées et elles, elles la virent.
Vous imaginez si c'étaient les ouvrières aussi en France qui dégageaient les têtes dirigeantes ? Bah y en a qui feraient moins les malins. *À mon avis, c'est pas pour rien que les gilets sont jaunes, c'est un hommage aux abeilles.*

Quand ça arrive, la reine part avec plein de butineuses, qui vont mourir bientôt. Elles se mettent dans des coins chelous, et ça donne les essaims qu'on trouve dans les maisons.

Il faut faire super attention si vous en trouvez un :
il ne faut pas les ouvrir, c'est des EHPAD les trucs !

Ça contient une vieille reine et des vieilles butineuses… C'est hyper dangereux, quand tu l'ouvres, ça sent un mélange d'eau de Cologne et de laque Elsève. Et dedans ça joue à MOTUS.

Il y aurait encore mille autres choses à dire sur les abeilles, mais je vais terminer en ajoutant qu'actuellement les abeilles sont en voie de disparition, à cause de la pollution, des pesticides, du fait qu'il y a de moins en moins de fleurs. C'est catastrophique parce que 70 % de ce qu'on mange dans le monde pousse parce que les abeilles ont baladé le pollen des fleurs mâles aux fleurs femelles. Elles aident à mettre des petites graines. Les abeilles c'est un peu la PMA pour les fleurs quoi.

Et je sais pas si vous avez remarqué mais pour cette PMA-là, tout le monde est OK. On n'a jamais vu des gens dans la rue avec des sweats jaunes qui disent *« Un pistil, une pétale, non non non ! »* ou *« À cause de la pollinisation la colère de Dieu va s'abattre sur la ruche »*. Non.

Donc voilà, faut y faire attention. Sinon on n'aura plus de carottes, plus de tomates, plus de poires… Tout ce que j'aime quand je mange mon barbeuk…

Avant, j'avais peur des abeilles, maintenant, j'ai peur qu'il n'y en ait plus.

**Voilà, ça,
c'était les abeilles,
mais en Vulgaire.**

LSF

CHAPITRE 16

la langue des signes française

Moi, je ne connais pas de personnes sourdes. Y avait bien ma grand-mère, à une époque, mais bon, je sais pas si ça compte.
Naïvement, je pensais donc que la langue des sourd.e.s, c'était, roulement de tambours :

LE FRANÇAIS

parce qu'on était en France. Voilà. I'm a genius

Sauf qu'il existe la LSF, la langue des signes française, qui n'est donc pas le français, mais une langue à part entière, et qui n'est d'ailleurs pas forcément utilisée par toutes les personnes sourdes.

Quand j'ai réalisé ça, j'ai voulu en savoir plus sur l'histoire de cette langue, alors j'ai regardé sur Internet, et je vais vous expliquer ce que j'ai compris.

Des personnes sourdes, y en a toujours eu.
Si ça se trouve, il y avait même des dinosaures sourds : les *Sourrausorus Rex*, ou les *Diplosourdus*. Ils devaient galérer pour parler entre eux en signant :

Bon, ensuite, vous connaissez le bazar, les dinos ont eu des petits soucis, ils ont dû se confiner le cul sur une île qui s'appelle Jurassic Park. Des bactéries sont devenues des poissons, qui se sont fait pousser des pieds et des poumons, pour finir par sortir de l'eau : ça a fait les hommes de Cro-Magnon.
Là, ils se sont dit que finalement deux pieds c'était assez pour avancer, ont chassé des mammouths, inventé le feu et peint des trucs dans la grotte de Lascaux, jusqu'à ce qu'on arrive à l'*Homo sapiens sapiens*.

Bon, eh bien, tout ce temps-là aussi, il y avait des personnes sourdes. Je sais que c'est un truc évident, mais laissez-moi, je fais grève de pertinence.

J'imagine que les gens de l'époque se disaient, tranquillou bilou, :
« Ils n'entendent pas, ils font des gestes pour s'exprimer, ils sont sûrement un peu cons. »

Et quand je vous dis « les gens » c'est pas juste trois personnes isolées, non, c'était beaucoup beaucoup beaucoup BEAUCOUP de gens, dont notamment les vedettes de l'époque : Platon et Aristote (qui étaient l'équivalent de Bernard-Henri Lévy et Michel Onfray en toge).

Eux, ils étaient en roue libre : ils ont estimé que puisqu'elles n'entendaient pas, les personnes sourdes ne devaient pas avoir accès à « la raison », c'est-à-dire à l'intelligence, vu qu'ils n'arrivaient pas à différencier les personnes mutiques des personnes sourdes.

16 siècles plus tard, à la Renaissance, ils ont commencé à disséquer des corps pour s'occuper, soit… c'est une occupation comme une autre, qui sommes-nous pour les juger, moi je joue au Scrabble en mangeant du fromage, on fait ce qu'on peut. De ces dissections, ils ont conclu que finalement les sourd.e.s étaient « juste » sourd.e.s, pas qu'ils ou elles manquaient d'intelligence. Les curés y ont vu une aubaine, et ont dit : *« S'ils sont intelligents alors ils peuvent croire en Dieu ! On va leur apprendre à parler comme ça hop, ça nous fera plus de recrues !! »*

En 1700 et des patates, l'abbé Charles-Michel de L'Épée est le premier entendant qui s'intéresse vraiment à la question et il constate qu'il existe une langue des signes que les personnes sourdes utilisent entre elles.

c'est son vrai nom, je n'ai pas inventé

Oui, parce que, évidemment, les sourd.e.s n'ont pas attendu l'approbation des entendant.e.s pour communiquer, et ils le faisaient déjà grâce à des signes. Souvent, ils étaient communs à leur cercle proche, et pas unifié pour toutes les personnes qui les utilisaient en France, mais, bon, il y avait un mode de communication signé.

Selon Megan Kateb du compte Instagram Signs'life, diplômée d'histoire sourde médiévale : *« Bien avant le XVIe siècle, les sourd.e.s avaient des droits, leurs capacités de réflexion étaient, pour la plupart, affirmées et leur mode de communication par signes, reconnu. Ils avaient donc le droit de se marier, de travailler et d'apprendre la religion comme n'importe quelle autre personne valide. Nous avons également des traces de « Grand.e.s Sourd.e.s » comme Jeanne Stuart, princesse écossaise, fille du roi Jacques Ier d'Écosse et qui s'exprimait par signes à la cour. »*

Mais revenons à l'abbé de L'Épée.

Là, pour la première fois, un entendant fait trois trucs importants dans un but d'éducation :

1/ Il réunit des enfants sourds pour qu'ils étudient ensemble.
2/ Il apprend la langue des signes de ses élèves. Enfin ! Jusque-là, les profs essayaient d'enseigner des trucs aux enfants sans faire l'effort d'apprendre le langage que leurs élèves utilisaient déjà.
et 3/ Il crée une école qui existe encore aujourd'hui ← l'Institut National des Jeunes Sourds (Paris 5e) et il rend cet enseignement gratuit. Notons quand même que déjà bien avant lui, il était tout à fait possible pour un.e sourd.e de s'instruire s'iel en avait les moyens.

Il a consacré sa vie et sa fortune à ça, et il a élaboré des méthodes pour faire évoluer la langue des signes, en créant notamment un alphabet avec ses élèves. C'est beau hein ?
Ensuite les sourd.e.s vécurent heureux.ses et eurent beaucoup d'enfants.
Fin de l'histoire.

NON! faux, c'est pas ça !

L'abbé de L'Épée c'était un mec très cool, MAIS, il s'est planté sur un truc. Il a voulu, dans son enseignement, calquer la grammaire et la syntaxe françaises à la gestuelle des sourds. Il a créé avec ses élèves une langue des signes pas du tout adaptée à la pratique.

Mais bon, grâce à ses écoles, la langue s'est enrichie et complexifiée, et cela a fait naître l'idée d'une « communauté sourde », et ça, c'est cool.

Quand soudain, POUF, en 1880 dans un congrès en Italie, des entendants qui faisaient partie d'une branche qu'on appelait « les oralistes », *c'est-à-dire des gens qui pensaient qu'il est indispensable que les sourds apprennent à parler le français à l'oral,* se réunissent, et décident que, quand même, la langue des signes, c'est pas l'idéal, donc ils préconisent très très fortement de cesser de l'utiliser, ce qui aboutit à la fin de son étude à l'école.

pour info, le sens du mot "oraliste" a depuis changé, parcequ'aujourd'hui on appelle les oralistes les personnes qui privilégient la parole comme mode de communication

Donc, les oralistes de l'époque conseillent très vivement d'arrêter la LSF à l'école. Pour ça, ils donnent 3 raisons nulles :

1/ La LSF ne serait pas une vraie langue.

2/ Dieu a donné la parole comme moyen de communication donc bah, ce serait quand même gentil et reconnaissant de la part des sourd.e.s de l'utiliser.

3/ La langue des signes empêche de bien respirer, et ça file la tuberculose. J'ai jamais vu une personne signer et instantanément devenir Dark Vador.

Spoiler alert : ça n'a pas tué la LSF.

Ils ont aussi interdit le breton en 1902, et actuellement, y a écrit « *degemer mat* » devant tous les Intermarchés de ma région.

Il faut croire que les langues, c'est comme Buffy Summers, c'est pas si facile que ça à tuer.

Les sourd.e.s se sont transmis la langue des signes à la récréation, hors des cours, dans des associations, de génération en génération. Un peu comme les billes, mais en plus utile pour communiquer.

Et puis, enfin, cette restriction a été levée en 1991 !
J'avais 5 ans ! Il leur a fallu 111 ans pour réaliser que *« mmmm peut-être qu'ils avaient tort »*, mais il a d'abord fallu lever l'interdiction d'utiliser la LSF tout court.

Ça a eu lieu en France en 1977 : dans les années 70-80 il y a eu « le réveil sourd » c'est-à-dire la prise de conscience par beaucoup de sourd.e.s que la langue des signes n'était pas quelque chose dont il fallait avoir honte, malgré ce que 100 ans d'interdictions pouvaient laisser croire. C'est dans ces années-là que beaucoup de personnes ont milité, entre autres, pour que la communauté et la culture sourdes soient reconnues en tant que telles, que des interprètes puissent se professionnaliser, parce que les interprètes, c'est quand même pratique pour les sourds, et **surtout pour les entendant.e.s**, et aussi que la LSF soit étudiée à l'école, ce qui est autorisé par la loi Fabius de 1991.

Depuis cette date, les enfants sourds ont la possibilité de suivre une éducation bilingue : français écrit et oral, et LSF.

dans les faits, des écoles qui sont bilingues LSF/Français de la maternelle au lycée en France, ça se compte sur les doigts d'une main, et elles continuent de fermer.

En 1992 Nicolas Philibert a sorti un documentaire qui s'appelle *Le Pays des sourds* dans lequel on voit des enfants sourds apprendre à parler. J'espère sincèrement que les méthodes d'apprentissage ont évolué car c'est assez insupportable de voir ces enfants souffrir autant et être maltraités dans leur éducation et leur apprentissage de la parole.

En 2005, enfin, enfin, la langue des signes française a été reconnue comme une langue à part entière.

La youtubeuse Mélanie Deaf explique d'ailleurs que c'est bien une langue, et non pas un langage, tant elle est complexe, riche, et en constante évolution.

La différence majeure entre la langue française et la langue des signes française, c'est que la langue française est linéaire. Tout prend sens un mot après l'autre, comme sur une ligne, avec la syntaxe qu'on connaît.
En LSF, il y a plusieurs idées sur plusieurs lignes, en simultané.

Je vous l'ai dit, moi je pensais que la langue des signes, c'était une traduction littérale du français ! Non.

Après je croyais aussi que le Père Noël existait et j'ai cru que Ségolène Royal gagnerait contre Sarkozy, donc je pense qu'on peut dire que je suis pas fiable fiable quand je crois un truc.

Quand on fait une traduction littérale du français en LSF, qu'on traduit mot à mot, on ne parle pas la LSF, on fait juste une mauvaise traduction…

Pour vous donner un exemple, traduire littéralement le français c'est comme traduire :

I love rock n'roll

en anglais, par :

j'aime la pierre et roule

en français.

C'est les bons mots, mais c'est pas le bon sens.

Cette mauvaise traduction, ça s'appelle du français signé, et faut faire attention, ce n'est pas du tout la LSF. Le français signé, c'est utilisé par des gens qui ne parlent pas bien la LSF et qui essayent d'apprendre en reproduisant la grammaire qu'ils connaissent, ou par des gens souvent entendants qui estiment que c'est aussi bien que la langue des signes française, sauf qu'on a pu le voir, c'est pas aussi bien.

J'ai de la répartie.

Il y a d'autres trucs très importants dans la LSF : les expressions du visage sont de vraies indications, les verbes ne sont pas conjugués mais placés dans le temps grâce à des signes, etc.
La langue des signes, ça ne consiste pas seulement à « épeler des mots » : c'est composer des signes qui ont une signification (le signaire), et des signes qui correspondent à des lettres de l'alphabet : A, B, C, D, etc. (la dactylologie).

En gros, le signaire, c'est le vocabulaire, et la dactylologie, c'est la traduction de l'alphabet.

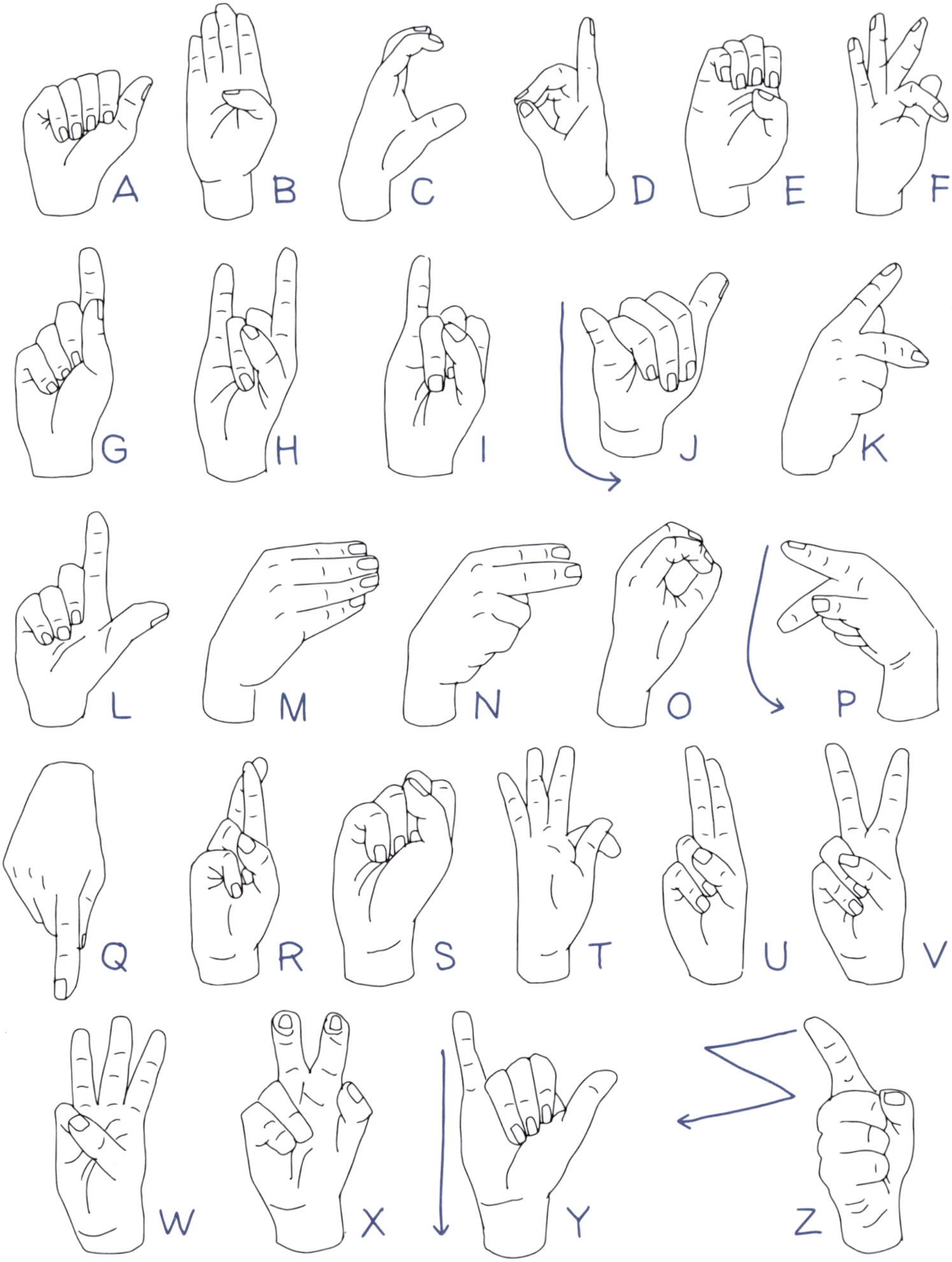

Ah, et pour info, la langue des signes ne s'écrit pas.

Il existe beaucoup de discriminations envers les personnes sourdes, ça a un nom, ça s'appelle l'audisme.

Eh ben moi, j'étais et je suis toujours audiste, parce qu'il m'est arrivé de me moquer, ou de ne pas rendre mes contenus accessibles pour les personnes sourdes... J'en suis pas fière, attention, mais ça prouve bien que même sans s'en rendre compte, on peut exclure des gens…

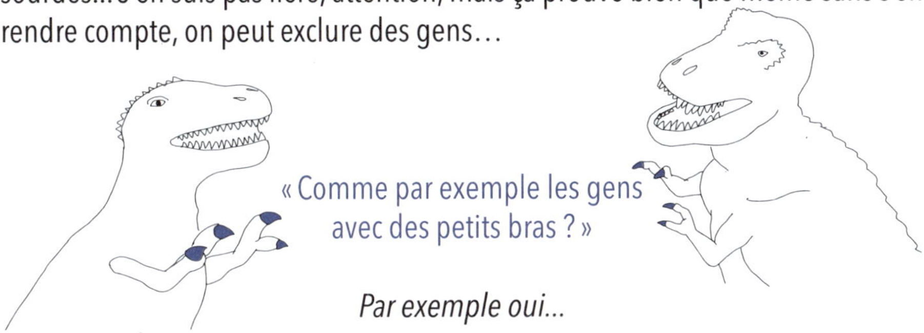

Voilà, ça, c'était la langue des signes française, mais en Vulgaire.

PS : Ah oui, sourd et malentendant, ça n'existe pas.
On est sourd <u>OU</u> malentendant, mais on n'est pas les deux !

CHAPITRE 17

les marées

Moi, j'ai grandi dans les Côtes-d'Armor, en Bretagne, côté Manche, et à la plage des Rosaires, on peut marcher vingt minutes avant d'arriver à l'eau si elle est basse. Chez moi l'été, t'as le temps de choper deux fois la mort, et une crampe, avant de pouvoir te baigner dans… de l'eau gelée. Mais à Ajaccio, nan, tu fais trois pas et t'es dans de l'eau chaude.

J'ai demandé à mon père pourquoi il y avait les marées ici, et il m'a dit :

"C'est à cause de la Lune."

Rien de plus.

Mais pour moi, ça tient pas, je veux dire : y a la Lune à Nice aussi, et pourtant l'eau est toujours à ras le bord de plage… Donc j'ai regardé sur Internet, et je vais vous expliquer ce que j'ai compris.

Déjà, sachez que j'ai trouvé au moins quatre vidéos différentes de Jamy qui explique les marées, donc c'est que je dois pas être la seule à me poser la question, et ça me rassure pas mal. *Ou alors ça veut dire qu'il est comme moi et qu'il galère à bien expliquer les trucs, possible aussi.*

C'EST PAS SORCIER

sauf les marées où là c'est galère

Sachez avant tout que mon père avait raison : c'est bien à cause de la Lune. Ouf, l'honneur paternel est sauf, mais attention, ce n'est pas QUE de la faute de la Lune. Y a également la Terre qui a sa responsabilité, et le Soleil, aussi.
La Terre et la Lune, elles sont comme moi, elles vivent dans une galaxie où deux meufs peuvent être attirées l'une par l'autre, **et c'est OK.**

Du coup, la Terre, cette petite *butch*, elle est attirée par la Lune, et réciproquement : la Lune a envie de pécho la Terre, même si clairement, la Terre elle a une attitude beaucoup trop autodestructrice, mais que voulez-vous, la Lune, c'est toujours vers ce genre de planètes qu'elle se dirige, c'est son genre. *En fait elle pense qu'elle va la sauver alors que non.* Mais bref, continuons.

Cette attraction mutuelle s'appelle **l'attraction gravitationnelle.**
Mais attention, y a un autre phénomène qui intervient !
Le point de la Terre le plus éloigné de la Lune est moins attiré par elle que celui qui est plus proche d'elle. Ce phénomène, mes collègues et moi-même l'appelons : **le phénomène « loin des yeux, loin du cœur ».**

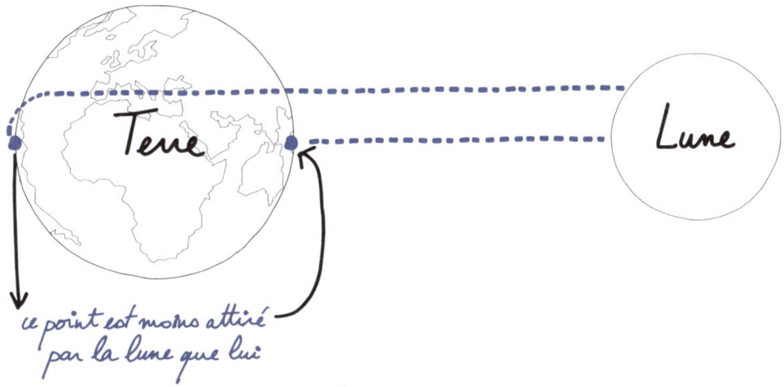

Du coup, la partie de la Terre qui est la plus proche de la Lune, c'est comme si elle tendait les lèvres pour lui faire un bisou.

À cet endroit, la Terre s'étire un peu, et forme ce qu'on appelle **un bourrelet.**

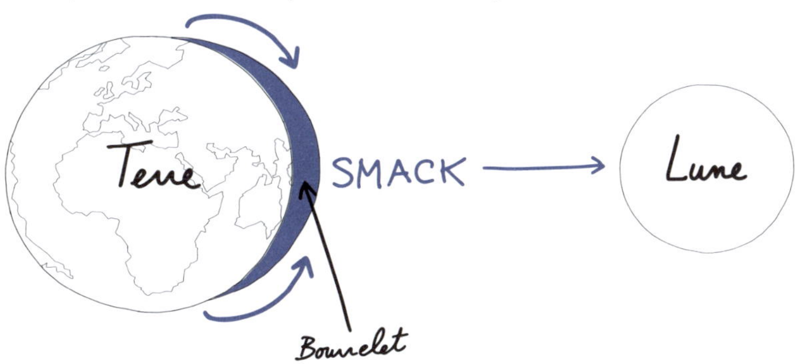

C'est le vrai mot technique. EH OUAIS MON POTE, la Terre aussi a des bourrelets, et elle, personne ne la *bodyshame*, la chance. Si la Terre avait Instagram, elle mettrait sûrement son poids dans un post qui dirait :

« Je fais six mille quadrillions de kilogrammes, et alors ? Je m'aime. »

Ce bourrelet, c'est **la croûte terrestre + l'eau** présente sur Terre, **qui s'étirent vers la Lune.**

Pour la Terre, on parle de **marée terrestre :** comme c'est solide et donc beaucoup moins facile à faire bouger, ça peut monter tout doucement de 30 à 40 cm, du coup c'est imperceptible pour nous…

Mais pour les océans, en revanche, c'est perceptible.

Attirés par la Lune, les océans se gonflent d'eau, et ça peut aller jusqu'à plusieurs mètres. C'est **la marée haute :** quand la Terre est au plus proche de la Lune, et que l'eau se rapproche d'elle pour essayer d'envoyer le signal que c'est OK pour un premier baiser.

Et comme la Lune tourne autour de la Terre, eh bien ce bourrelet se déplace en même temps que la Lune avance.

Vous voyez les ventouses anticellulite des influenceuses ? C'est un peu ça. C'est comme si la Lune avait mis une ventouse anticellulite sur notre planète, sauf que la cellulite, c'est l'eau et la Terre qui forment un petit bourrelet dedans.

Puisque la Terre tourne sur elle-même, mais pas la Lune, eh bien la cellulite présente dans la ventouse tourne aussi. Ce n'est pas la ventouse qui bouge, c'est la cellulite. C'est pourquoi les marées ont des horaires différents en fonction d'où on se trouve dans le monde.

Ensuite, il faut savoir que la Terre, c'est pas parce qu'elle est attirée par la Lune qu'elle doit renoncer à ses autres désirs, comme par exemple : LE SOLEIL.

Comme dit souvent la Terre :
« C'est pas parce que t'as déjà commandé que tu peux pas regarder le menu. »
Ouais, la terre est un peu beauf.

Le Soleil et la Terre s'attirent mutuellement, c'est vrai, mais, comme le Soleil est loin, c'est le fameux phénomène « loin des yeux loin du cœur » : l'attraction est moins importante…

Mais c'est une attraction quand même, alors quand le Soleil et la Lune sont alignés du même côté, leurs forces s'ajoutent, et la Terre elle en peut plus, elle se gonfle à mort, elle s'étire beaucoup, du coup elle se fait un GROS bourrelet.

Tout ce que je viens de dire est **TITRE**
Tout.

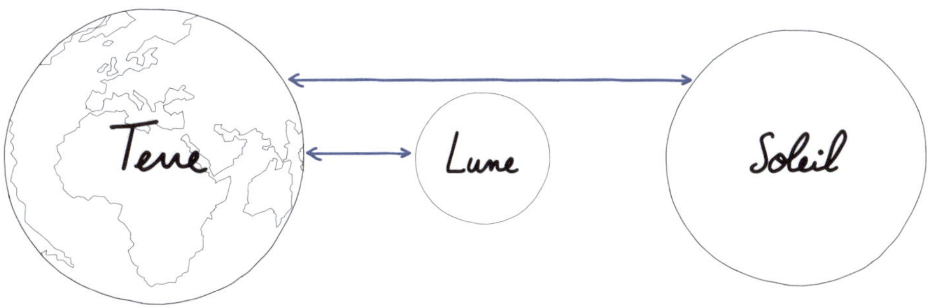

Et c'est donc là qu'il y a : **les grandes marées,** dont le nom technique est : les marées de vives-eaux. Mais bon, comme « marées de vives-eaux », ça fait un peu titre de pièce de Marivaux, je reste sur les grandes marées, qui fait plutôt chanson de Vincent Delerm.

Les grandes marées c'est le jour où nous sommes allé.e.s en Normandie avec mes parents et ma soeur le week-end de l'Ascension. Les grandes marées c'est le jour où nous avons pêché des palourdes dans la baie du Mont Saint-Michel, que mon père a cuisinées le soir. C'était la recette de ma grand-mère. Tu étais là. Les grandes marées c'est le jour où j'ai su que je serai le garçon qui signerait un PACS avec toi, la fille des grandes marées de 2000, celle qui a mangé les palourdes familiales, alors que tu aimais ça à peu près autant que tu aimes les films d'Eric Rohmer.

Il existe aussi les marées de mortes-eaux, bon là ça fait un peu Jacquouille la Fripouille, et ça c'est quand la Lune et le Soleil sont en angle droit par rapport à la Terre.

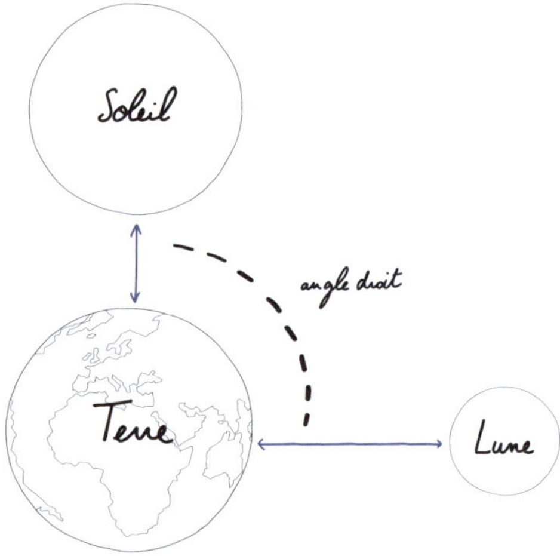

Là, les effets se contrecarrent : en gros la Terre elle sait pas vers qui elle est le plus attirée, et elle sait pas bien gérer toutes ses attirances, du coup ça fait des toutes petites marées.

"Cousin Hub', t'as vu cette marée elle est minus, c'est dingue."
"C'est une marée de mortes-eaux."
"Ah comme la saucisse. Je connais."

Bon, mais là, vous allez me dire, OK, mais ça explique une marée par jour seulement, alors qu'à la plage de Trestraou, à Perros-Guirec, y en a deux, des marées.

C'est vrai, et ça, j'ai vraiment galéré à le comprendre. En fait, c'est dû à **la force centrifuge**.

La Lune et la Terre, c'est un petit couple, elles s'attirent mutuellement.
Leur point de gravité, il n'est pas à égale distance entre les deux. Comme la Terre est plus grosse, il se trouve plus près d'elle. Vous savez c'est un peu comme quand on fait des mobiles, on a des trucs lourds, mais on peut les équilibrer avec un truc moins lourd, en l'éloignant des trucs lourds par rapport au centre de gravité. Bon bah voilà, la Lune est plus éloignée du centre de gravité de leur couple que la Terre.

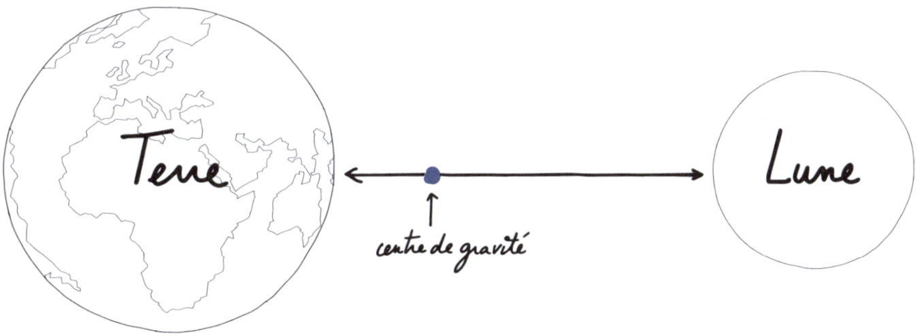

Or, la Lune tourne autour de la Terre, autour de ce point de gravité. Pour info, de là où on est, on voit TOUJOURS la même face de la Lune, qui, je le rappelle, ne tourne pas sur elle-même, comme le fait sa meuf.

C'est là qu'intervient la force centrifuge. La force centrifuge, vous savez, on s'en sert pour essorer la salade. On tourne très très vite, et l'eau s'en va vers les bords de l'essoreuse, c'est magique…

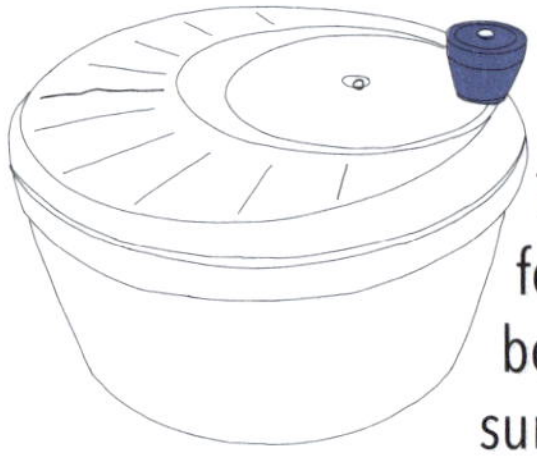

Lorsqu'elles tournent l'une autour de l'autre, la force centrifuge entre la Lune et la Terre envoie l'eau qu'il y a sur le point de la Terre le plus éloigné de la Lune vers l'extérieur de la ronde qu'elles font ensemble. Cette eau projetée vers l'extérieur crée un second bourrelet, à l'opposé exact du premier bourrelet qui se trouve, lui, sur le point de la Terre le plus proche de la Lune.

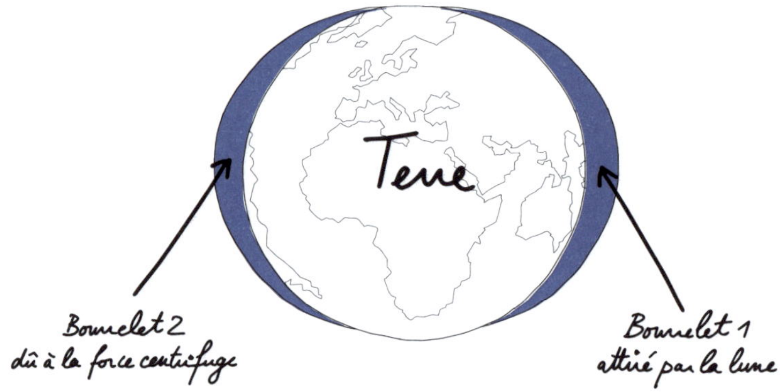

Deux Bourrelets = Deux Marées

Comme la Terre tourne sur elle-même, ces bourrelets changent de place en permanence. Un cycle de marée dure 12 h 25 précisément, ce qui fait que **les marées ne sont pas à heures fixes tous les jours.**
Ce n'est pas : marée haute à 15 h tous les jours.

NON

Ça évolue d'un jour sur l'autre : un jour à 15 h, puis 12 h 25 plus tard, puis 12 h 25 plus tard, etc.
Pour terminer, sachez que… J'avais raison, il y a bien des marées partout !
Même en mer Méditerranée !!!

Mais comme la Méditerranée, c'est petit, et que c'est une mer fermée, l'eau n'a pas la place de vraiment se déplacer pour faire des marées visibles. Il y a donc bien des marées à Nice, c'est juste qu'elles sont minuscules.

"Hub, tu vois celle-là aussi elle est minus, c'est maboul !"

Dans les Caraïbes aussi il y a des marées minuscules, mais là, c'est plutôt dû à la géographie sous-marine : les fonds océaniques sont très profonds, il y a beaucoup d'eau, donc, on ne voit pas trop la différence au niveau des plages.

Dans d'autres cas, l'absence de marée ou le fait qu'elles sont très petites peut aussi venir du fait qu'il y a des courants qui empêchent l'eau de monter ou descendre…

Plus les fonds marins sont profonds, moins il y a de marée. Et par chez moi, bah… c'est pas très profond, donc on assiste à des marées immenses qui font qu'on se gèle le cul quand on va se baigner si on n'a pas checké les horaires des marées.

Voilà, ça, c'était les marées, mais en Vulgaire.

CHAPITRE 18

Jean Moulin

Jean Moulin, c'est un héros de la Résistance, et de la France libre. C'est sûr. Tout le monde le sait. Ouais. Pourquoi ? Aucune idée. Jean Moulin, il a écrit une lettre, super connue. Qui raconte quoi ? Aucune idée. Je dis parfois aux gens qui sonnent à ma porte *« Entre ici, Jean Moulin »*, mais ça sort d'où ? Très bonne question. 434 écoles et 2 215 rues en France s'appellent Jean Moulin. Trop cool pour lui mais : Pourquoi ?

Du coup, j'ai regardé sur Internet, et je vais vous expliquer ce que j'ai compris.

D'abord la lettre dont j'ai parlé, c'était Guy Môquet, désolée, j'ai confondu.
LA HONTE.

Jean Moulin naît le 20 juin 1899 à Béziers. Assez jeune, il s'intéresse à la vie politique française, d'autant que son père était conseiller général de l'Hérault. Ainsi, en 1917, il commence par trouver un petit boulot d'attaché au cabinet du préfet de l'époque. Il se lance aussi dans des études de droit mais bon, il est pas super fort.
En quittant le cocon familial, il découvre et développe de nouvelles passions : le ski, les beaux vêtements, et les voitures de sport. On peut en déduire que sa famille doit avoir de la moula, à Moulin.

Il est aussi passionné par l'art, et se rêve artiste : il dessine, il peint…
En 1918, il est mobilisé pour la guerre mais pouf, l'armistice est signé juste avant son départ au front : il n'ira pas dans les tranchées, et pourra savourer les week-ends de trois jours quand vient le 11 novembre, la chance.

Il retourne bosser au cabinet du préfet, obtient son diplôme en droit, monte en grade, devient le plus jeune sous-préfet de France, d'abord à Albertville, cool pour le ski puis à Châteaulin dans le Finistère, cool pour les crêpes
Là, il traîne avec des artistes, notamment Max Jacob, à ne pas confondre avec Marc Jacobs, qui est aussi un artiste, mais plus contemporain.

Il commence à vendre des dessins humoristiques et des caricatures sous le pseudonyme « Romanin »… Ça j'avoue ça m'a surprise, les dessins d'humour, parce qu'après avoir fait pas mal de recherches, jamais, dans les interviews d'anciens résistants, ou des historiens, il n'a été prononcé cette phrase :

"Jean Moulin ? Mais un immense blagueur ! Jean Moulin c'était le Jamel Debbouze de l'époque ! C'est bien simple, dans les milieux résistants, on l'appelait Jean Moumou la déconne !"

Non. Jamais.

Bref, il continue sa petite vie de fonctionnaire, il monte en grade, il bosse dans des ministères, au Front populaire, et à 38 ans, il devient le plus jeune préfet de France, dans l'Aveyron (pour celles et ceux qui sont comme moi, nul.le.s en géo, l'Aveyron, c'est au milieu du bas de la France mais pas non plus collé à la mer), puis à Chartres, en Eure-et-Loir (ça c'est à côté de l'Île-de-France).

Quand commence la guerre, en tant que préfet, il est chargé d'assurer la sécurité de la population.
En mai 1940, le maréchal Pétain annonce que la France a perdu la guerre, et c'est ainsi que commence l'Occupation. Moulin, à ce moment-là, il SAIT qu'il ne soutient plus Pétain, et pour lui c'est impensable que la France accepte la défaite.

Le 17 juin 1940, il refuse de signer une lettre écrite par des Allemands qui dénonce des tirailleurs sénégalais qui auraient commis des actes horribles dans une ville de sa juridiction, quand en réalité il y a eu un bombardement allemand à cet endroit. Du coup, en représailles, il est torturé, frappé.

Là, y a plusieurs choses intéressantes à noter :
– D'abord, il savait que ça arriverait : il avait prévenu sa famille qu'il serait accusé

de trucs déshonorants, mais que ce serait des mensonges.

– Quand on lui a demandé s'il voulait écrire quelques mots, il a dessiné une caricature de son geôlier. Clairement, s'il était né plus tard, il aurait bossé à *Charlie Hebdo*.

– Ensuite, alors qu'il était en prison, il a tenté de se trancher la gorge avec un bout de verre qui traînait dans sa cellule. Il n'en est pas mort, mais enfin ça l'a quand même bien amoché, c'est d'ailleurs pour ça qu'il portait toujours une écharpe. Il a été envoyé à l'hôpital pour s'en remettre.

– Enfin, comme ça s'est passé le 17 juin 1940, il n'a pas entendu l'appel du 18 juin qu'a fait le célèbre Charles, Charlie, l'esplanade, le porte-avions, le grand homme, bref, le Gégé, le général de Gaulle, qui a dit, en gros :

"Moi, je n'accepte pas la défaite, alors insurgeons-nous, et si vous êtes comme moi, rejoignez-moi, on va comploter ensemble et reprendre le Capitole, euh... la capitale. Et le reste de la France. Je suis à Londres, venez."

Le Gégé, à ce moment-là, y a pas grand monde qui le connaît : il sort un peu de nulle part, il s'autoproclame chef de la France libre. Son discours inspire et donne espoir à de jeunes Français qui quittent le territoire et vont s'engager avec lui dans l'idée de reprendre et de reconstruire : **une France libre.**

Pendant ce discours, Moulin est dans les choux + c'est son anniv le 20, *41 balais ma couille* donc il ne l'entend pas tout de suite, il a la gueule de bois… et une cicatrisation en cours, rapport au fait qu'il a essayé de se trancher la gorge.

Néanmoins, très vite, Moulin réfléchit à un truc : il sait que différents réseaux de résistance se sont mis en place, avec des courants de pensée et des convictions politiques différentes, et il estime que la France ne pourra être libérée que si ces réseaux s'allient, agissent ensemble, et si, en plus, ils s'unissent à des forces extérieures. Au départ, il ne sait pas s'il faut s'allier aux Américains ou à De Gaulle qui, je vous le rappelle, sort de nulle part, mais il commence à lister et à prendre contact avec tous ces réseaux. C'est facile pour lui parce qu'avec son passé de haut fonctionnaire, il a des contacts dans tous les sens, il est comme Geneviève de Fontenay, il connaît tout le monde en région.
Il fait cette liste et part à Londres pour rencontrer Gégé de Gaulle, et pour ça il prend une fausse identité : *Joseph Mercier*

Pourquoi Joseph Mercier ? Il était plutôt coquet, et il aimait bien que ses chemises soient brodées avec ses initiales : JM.
Cela devient donc : Joseph Mercier.

Il rencontre le général de Gaulle, qu'il trouve… grand.

Ils papotent, et même s'ils n'ont pas les mêmes idées politiques, puisque Moulin est un homme de gauche, le général aime bien ses idées, surtout qu'il a plein d'infos. Moulin lui explique la situation, et lui expose le manque de moyens financiers et d'armes auquel les résistants font face. Il reste quelque temps, apprend à sauter en parachute, à tirer au pistolet, à manier un poignard, bref, il apprend à devenir Lara Croft, et il repart de Londres avec un ordre de mission du général de Gaulle : unifier ces réseaux de résistants. L'ordre de mission est un microfilm caché dans le double fond d'une boîte d'allumettes, comme dans les films de James Bond.

Mais ce n'est pas chose aisée : les mouvements de résistants trouvent qu'ils s'en

sortent très bien tous seuls, et ils ne voient pas pourquoi un inconnu avec zéro légitimité politique et militaire viendrait leur dire quoi faire.
Moulin leur parle, négocie, et réussit à les convaincre.
En faisant ça, il devient le chef de la Résistance, celui qui coordonnera tout.
C'est un travail colossal, et encore une fois :

Là, il prend plusieurs pseudos : pour les résistants et l'armée de De Gaulle, il devient *REX*, parfois *MAX* aussi. Personne ne sait qu'il s'appelle Jean Moulin. Et, pour pouvoir se déplacer partout en France sans attirer l'attention sur lui, à la ville, il devient aussi Jacques Martel, JM, toujours cette histoire de coquetterie.
Il est censé travailler dans l'art : ça tombe bien, il adore ça.
Il va dans des galeries, voit des artistes, ces voyages semblent donc normaux.

Dès qu'il se sent observé, il change de sujet sans préavis pour parler d'art. Son ancien secrétaire, Daniel Cordier, racontait qu'il lui parlait tellement d'art que cela a attisé sa curiosité, et Cordier a fini par devenir un grand galeriste, collectionneur, et marchand d'art, alors même qu'avant sa rencontre avec Jean Moulin, il n'était jamais entré dans un musée.

Bref, Moulin devient le cerveau et le cœur de la Résistance, c'est lui qui fait le lien entre De Gaulle et les résistants, il sait TOUT, et il se sait en danger. Il dira d'ailleurs : *"Depuis juin 1940, je suis un mort en sursis."*

Avec le temps et l'expérience, il vient à Moulin l'idée profonde qu'il faut préparer la sortie de la guerre, et qu'il est indispensable que De Gaulle en soit le chef. Selon lui, il faut montrer une unité nationale et une organisation prête à agir. En gros, si demain y a plus la guerre, pouf, tout est prêt, on a un chef d'État, on a un programme, on a pensé à la sortie. Ainsi, la France ne serait pas mise sous la tutelle des autres pays qui auraient aidé à sa libération.

Mais Moulin sait que pour que cela arrive, il va falloir batailler sévère avec les différents responsables résistants, politiques et syndicaux, qui, je vous le rappelle, prêtent difficilement allégeance à De Gaulle.
C'est un travail titanesque, mais grâce à ses efforts, il réussit à convaincre tout le monde que De Gaulle doit prendre la tête de la France, et qu'il faut penser ensemble cette sortie de guerre. Le 27 mai 1943, 19 représentants se retrouvent dans une réunion secrète, dans un petit appartement, rue du Four à Paris.

C'est la première réunion de ce qu'on appelle le CNR, *Conseil national de Résistance.*

On y croise les représentants de tous les bords politiques, les différents syndicats, les différentes branches de la Résistance et donc, Jean Moulin, qui en prend la tête.

Le Conseil national de la Résistance, c'est un truc de fou.

En pleine guerre, alors que leurs vies étaient menacées au quotidien, ils ont repensé le système politique et social de la France. Ils ont inventé la Sécurité sociale, travaillé sur les retraites, le tout en se basant sur un refus d'une société capitaliste, notamment en nationalisant des grandes entreprises comme : le train, l'électricité, les assurances, les banques, etc.
Ils avaient même pensé à la sortie de la France des colonies, et pour l'époque, globalement, c'était une vision de la société hypermoderne, vraiment balèze, *et c'est con, c'est en train d'être détricoté par nos politiques depuis les années 1980. Je vous invite d'ailleurs à écouter l'épisode d'Affaires sensibles qui est consacré au Conseil national de la Résistance.*

En revanche, ce programme imaginé par le CNR, Jean Moulin n'y a pas participé, il en a juste donné l'impulsion.

Je vous l'ai dit, cette première réunion a eu lieu en mai 1943.

Le 21 juin 1943, à Caluire-et-Cuire, près de Lyon, c'est la Fête de la musique, dans la rue un jeune groupe devait chanter *Wonderwall* et « Bob Morane », comme à toutes les Fêtes de la musique du monde. C'est aussi le jour et le lieu où Jean Moulin est arrêté par le chef de la Gestapo de Lyon, Klaus Barbie, qui, pour résumer, était un nazi qui prenait du plaisir à torturer des gens. S'il restait qu'un Schokobon, Klaus Barbie il faisait pas sa mijaurée pour savoir qui allait prendre le dernier *« ah la la c'est pas poli mais que vont penser les autres »,* non, il le prenait.

NUL

Il y a sûrement eu une trahison quelque part, beaucoup pensent que c'est un homme du nom de René Hardy qui aurait tout balancé, mais ça n'a jamais pu être prouvé malgré deux procès.

Jean Moulin est fait prisonnier, et est torturé par Klaus Barbie, tous les jours. Envoyé à Paris, il aurait même été torturé par des Français collabos, et il aurait tenté de se suicider en se jetant dans les escaliers plusieurs fois.
Mais pendant ces jours de torture, Jean Moulin n'a rien dit. Rien. Il savait tout. Et il n'a rien dit. S'il avait parlé, c'en était fini de la France libre. Il était le cœur de la Résistance, donc euh… Chapeau Jean Moulin. Et écharpe aussi, du coup.

La date et le lieu de son décès sont flous. Officiellement, il est mort le 8 juillet 1943, à Metz, dans un train qui l'envoyait en Allemagne. En réalité, personne ne sait vraiment, et il semblerait que l'on ne soit même pas sûr.e.s que les cendres qui ont été rendues à la famille soient vraiment celles de Jean Moulin.
À sa mort, ses cendres ont été inhumées au Père-Lachaise, et puis la guerre a continué, le Conseil national de la Résistance a rendu son programme public, la guerre s'est terminée, de Gaulle et les membres du CNR ont repris en charge la France, comme l'avait pensé Jean Moulin. Pour autant, peu de gens parlaient de lui, il n'était pas le héros national que l'on connaît aujourd'hui. Les résistants le connaissaient, mais pas le grand public.

Et puis, en 1963, ses cendres ont été transférées au Panthéon, et André Malraux, ministre de la Culture et des choses non essentielles, a prononcé un discours formidable et bouleversant de 22 minutes.
J'avoue, moi, je rigolais un peu de *"entre ici, Jean Mouliiiiiin"* mais cette phrase arrive après 19 minutes d'un discours touchant et universel, franchement, j'en ai eu des frissons.

"Entre ici, Jean Moulin, avec ton terrible cortège. Avec ceux qui sont morts dans les caves sans avoir parlé, comme toi, et même, ce qui est peut-être plus atroce, en ayant parlé."

Quant à Klaus Barbie, qui avait disparu à la fin de la guerre, il a été retrouvé et jugé en 1987 pour crime contre l'humanité. Il a bien sûr été reconnu coupable et a été emprisonné trois ans… Enfin, il a été condamné à perpétuité, mais il est mort d'un cancer en prison.

Enfin, juste pour info, Il y a des « rumeurs » qui disent que Jean Moulin aurait été gay, ou tout du moins bisexuel.

Alors, dans ce que j'ai lu, les gens le justifient par *"mais oui mais il était coquet"* ce qui ne veut rien dire… Ses compagnons de la Résistance, si ça se trouve, c'étaient ses compagnons tout court. L'histoire, c'est pas que des hétéros qui changent le monde, y a les homos à écharpe aussi.

Voilà, ça, c'était Jean Moulin, mais en Vulgaire.

BELLE
DU SEIGNEUR

CHAPITRE 19

Belle du Seigneur

Moi, je pensais que *Belle du Seigneur,* c'était LE livre de l'amour et du romantisme. Je pensais que ce livre, c'était comme voir une aurore boréale : c'est tellement rare, unique et d'une beauté folle que tu ne peux que frissonner et pleurer d'émotion quand tu tombes dessus.

En réalité, ce livre, c'est comme une pluie nulle qui tomberait pendant tout un week-end de Pâques à l'île de Ré, que t'as payé plein pot parce que c'est les vacances scolaires alors que t'as pas d'enfants, mais que tes potes si, alors ça les arrangeait que leurs enfants ne loupent pas l'école… ET PUIS ILS NE SONT PAS VENUS PARCE QU'ALMA A LA GASTRO ET QUE SACHA A PEUR DE TOI, SOI-DISANT QUE T'ES AGRESSIVE.

Tout ça pour vous dire que j'ai lu *Belle du Seigneur,* et je vais vous expliquer ce que j'ai compris.

Belle du Seigneur est un livre écrit par Albert Cohen, entre 1930 et les années 1960, et qui est sorti en 1968.

68, tout le monde voit ? C'est la révolution, la jeunesse française balançait des pavés…
Bon bah Cohen il a vu une ouverture, il a lancé le sien aussi : *Belle du Seigneur,* 1 109 pages, y a plus de mots que dans un dictionnaire.

Sauf que dans un dictionnaire, y'a plus d'intrigue.

Ça raconte l'histoire d'un mec :

Solal des Solal

c'est son prénom

c'est son nom de famille

Première question : pourquoi ça a pas été refusé par l'état civil ?

Solal des Solal est un masculiniste pervers narcissique très riche qui vit une histoire d'amour avec **Ariane d'Auble**, une meuf très riche mariée qui prend des bains, qui boude tout le temps, et qui fait beaucoup de zumba.
Ouais non pas la zumba mais c'est dommage ça aurait pu être cool.

Ariane, elle est mariée avec **Adrien Deume**, dit « Didi », un mec ridicule qui travaille pour Solal des Solal à la Société des Nations. Ils vivent avec ses parents adoptifs : une vieille qui se plaint tout le temps et qui est à moitié amoureuse de son fils ; et son mari, un gentil un peu benêt qui a peur de sa femme.

Le livre s'ouvre sur une scène horrible puisque Solal, qui a croisé Ariane j'sais pas où, et qui en est tombé fou amoureux, s'introduit dans sa chambre déguisé en petit vieux. Il lui fait alors une déclaration d'amour très très cheloue, surtout qu'il parle comme une citation ridicule sur Instagram, vous savez, avec une police des années 1990 en italique et une photo de fond d'écran de sable et de lever de soleil.

Elle, elle ne le connaît pas, elle sort de son bain, y a un mec déguisé en vieux dans sa chambre, bon, elle se dit pas :

« Ouah, quel hasard, je me fais agresser, mais je ressens un truc ! »

NON.

Elle refuse, et lui : il se vexe. Il enlève le Scotch qu'il a sur les dents, *visiblement ça change tout, c'est comme Clark Kent avec ses lunettes,* dévoilant ainsi sa jeunesse et sa beauté. Ensuite, il saute par la fenêtre et part à cheval, c'est Zorro le gars.

Là, Ariane elle culpabilise un peu de l'avoir renvoyé chier dans sa caisse, et on découvre sa vie : d'abord ses parents sont morts, puis ses frères et sœurs, et enfin sa tante.

On n'a pas très envie de la connaître si on tient à la vie.

On nous raconte qu'elle a un peu été en couple avec une meuf… qui est morte aussi. Bon.

Franchement Cohen n'en parle pas plus que ça, c'est genre :
« Oh non tout le monde est mort !
P. S. : De temps en temps elle fait le thème astral de Céline Sciamma en regardant The L Word *avec une meuf malade. Bon. »*

On découvre ensuite Adrien. ← *le mari d'Ariane.*
Plusieurs infos sur lui :
D'abord, il est pas mort, et ça c'est rare dans la vie d'Ariane, et si elle l'a épousé,

c'est parce qu'en gros, il a été gentil avec elle une fois. Mais elle s'ennuie avec lui, et elle le méprise un peu.
Lui, c'est un beauf, un fainéant, et clairement, on n'a pas envie de le connaître.
MAIS : Albert Cohen décide, pour les 250 pages qui suivent, de nous glisser dans la tête d'Adrien Deume, qui pense beaucoup de choses… inintéressantes.
Il glande, il dit qu'il va travailler et puis il ne le fait jamais vraiment…

YAY!

Vous savez, quand vous scrollez sur Insta pendant des heures juste après le déjeuner au lieu de faire des choses importantes, et quand vous levez la tête il est 17 h 45 ? Bah lui il fait ça à son travail. C'est rigolo deux-trois fois et puis au bout d'un moment, c'est vrai que bon, on a compris la vanne.

Il raconte que son boss, Solal, lui a parlé, et il en revient pas. Il fantasme qu'ils vont devenir proches, ou que genre Flavie Flament va lui préparer un *Stars à domicile* rien que pour lui, sauf qu'à la place de Lara Fabian qui passe à travers une nappe en papier, y aurait son boss qui lui dirait : *« Bonjour Adrien vous êtes mon ami. »*

Ça serait beau et Flavie elle chialerait, Adrien il chialerait, et moi je chialerais… Qu'est-ce que j'aimais *Stars à dom'*.

C'est un homme qui fait carrière quoi

Alors qu'il n'en fout pas une, Solal le fait monter en grade, alors l'autre il se sent plus pisser, évidemment.
Il finit par réaliser son rêve en l'invitant à dîner, c'est grotesque, on nous donne des chapitres et des chapitres sur la prépa du repas, oh la la attention il arrive, attention on achète du champagne, et pouf, le gars ne vient pas.

On lui téléphone, il dit *« pardoooon, y a eu méprise, j'ai un autre dîner, je viendrai après »,* alors c'est reparti, branle-bas de combat, il va venir, et pouf, il vient pas de nouveau.

Le livre montre bien à quel point ils sont ridicules, ces personnages : ils n'y connaissent rien et ils en font des caisses, **petit mépris de classe de derrière les fags, nickel.**

Adrien il est triste le petit biquet, alors il va se plaindre à Ariane, qu'on n'a pas vue depuis longtemps. Elle, évidemment, ça l'énerve parce que bon, elle va pas pouvoir se coucher à minuit la pauvre, comment elle va faire pour son *miracle morning* demain matin ?
Elle s'en veut de lui avoir dit d'aller voir ailleurs alors hop, elle va coucher avec lui pour se faire pardonner. Comme elle est dégoûtée par lui, c'est pas un super moment et elle lui en veut un peu.
Lui, c'est un gros con, et elle, elle est insupportable, on sait pas qui on doit détester le plus, c'est pas fastoche.

Et là vous vous dites sûrement :

C'était pas censé parler de l'histoire d'amour incroyable entre Solal et Ariane ?

Alors, si, et moi aussi, j'attendais, parce que j'en étais quand même déjà à 300 pages de supplice, ça commençait à être long. Franchement je me disais à ce moment-là que les espions doivent lire ce livre à leurs victimes pour les toturer afin de récupérer des informations capitales, mais ce qui va suivre est encore pire.

Soudain, Solal envoie Adrien plusieurs semaines en déplacement, et l'invite même à boire des coups chez lui avant de partir (il vit au Ritz, tout simplement, il doit petit-déjeuner avec des rillettes Bordeau Chesnel et prendre des bains de lait).
Solal se met une caisse, alors il lui révèle qu'il est amoureux d'une femme mariée. Adrien n'en peut plus parce qu'il a l'impression d'être le nouveau BFF de son boss… S'il savait qu'il parlait de sa femme, le pauvre, il ferait moins le malin…

Il se dit qu'il va avoir une augment', quand soudain, Ariane, qui est censée détester Solal puisqu'il est entré par effraction dans sa chambre en lui faisant une déclaration d'amour cheloue puis en l'insultant, est à la réception. Adrien s'éclipse quand il apprend que *« la mystérieuse femme mariée arrive »* et Ariane entre chez Solal.

On est page 386, il lui dit :
« Venez, on fait un pari : je parie que je vais vous séduire en 3 heures. Si je ne vous séduis pas, je vous laisse tranquille à jamais ET Adrien monte en grade. »

Là, normalement, toute personne bien constituée dirait : *« Non, je ne veux pas faire ce pari. »*

Mais elle dit : *« Pfffff ça ne marchera jamais ! D'accord. »*

Il enchaîne donc par un monologue agressif de trois heures… même pas un monologue passif-agressif, non non, c'est actif-agressif. Agressif-agressif.

D'abord il critique les femmes pendant 32 pages. Plus précisément, il lui explique comment séduire une femme, mais c'est vraiment insultant.
Fin du monologue page 439.
Là, normalement, elle part. Je veux dire, il l'a insultée et a insulté les femmes pendant deux tiers de son discours, elle devrait lui dire :

Ta gueule.

Fin du livre. On remballe, on crée un hashtag sur Twitter, on réalise qu'il a harcelé plein de meufs, il dit dans tous les médias qu'on a ruiné sa carrière, il retrouve un poste, la routine quoi.

NON.
Je crois qu'Ariane elle a carrément la blessure de l'humiliation parce que la technique de Solal pour la séduire fonctionne,
c'est-à-dire lui parler comme à une merde.

Elle tombe follement amoureuse. Follement. Elle est carrément sous son emprise.
Ils se font des déclarations d'amour à la mords-moi-le-nœud, ils se tartinent de mots d'amour, ils en font des caisses, et franchement, on va pas se mentir, l'amour des autres, on s'en fout, un peu, non ?

Bref, ils se disent des trucs du genre :

> Ô mon amour,
> serre-moi fort, je suis à toi purement toute, disait-elle. Qui es-tu, qu'as-tu fait pour m'avoir prise ainsi, prise d'âme, prise de corps ? Serre-moi, serre-moi plus fort, mais épargne-moi ce soir, disait-elle. D'intention je suis ta femme déjà, mais pas ce soir, disait-elle. Va, laisse-moi seule, laisse-moi penser à toi, penser à ce qui m'arrive, disait-elle. Dis, dis, dis que tu m'aimes, balbutiait-elle. Ô mon amour, disait-elle, bienheureuse et en larmes, personne, ô mon amour, personne avant toi, personne après toi. Va, mon aime, va, laisse-moi seule, seule pour être plus avec toi, disait-elle. Non, non, ne me quitte pas, suppliait-elle en le retenant des deux mains, je n'ai que toi au monde, je ne peux plus sans toi, supplia-t-elle égarée, a lui agrippée.

En tout cas, ils s'aiment et on réalise que le début, c'est mignon mais qu'il y a un peu des problèmes du début quoi. Elle ne veut pas qu'il l'entende faire pipi, et elle fait des petites crises de boulimie, super.

Et j'avoue, chèr.e.s lecteurs et lectrices, que c'est là que moi, j'ai dit :
merci, c'est tout pour moi.
Drop the livre à la page 568. Ce livre est horrible, je ne veux plus jamais ne serait-ce que repenser à lui.

J'ai quand même lu le dernier chapitre et regardé sur Internet la suite des événements :

- Il la délaisse un peu parce qu'il a peur de mourir.
- Elle ne veut pas se montrer à lui en pyjama et en puant de la gueule alors que pardon, c'est quand même ça l'amour, c'est quelqu'un qui nous aime même en pilou-pilou, et même quand il découvre que je pète en mitraillette la nuit.

Pardon je parle de ma vie perso.

- Adrien revient et découvre que sa meuf le quitte pour son boss, son héros : le *Stars à dom'* qui tourne mal, il essaye de se suicider mais ça foire.
- Solal devient fou quand il apprend qu'Ariane a eu un autre amant avant lui. Genre ça lui retourne le cerveau. Là visiblement ça devient *Les Anges de la téléréalité en Guadeloupe,* ils s'engueulent et il casse tout.
- Elle, elle dit *« Pardon, pardon »,* ils partent vivre en France, il perd son boulot, il ne lui dit pas, ils s'ennuient, ils se droguent, et ils décident d'un suicide collectif.

Voilà, fin du livre. OUAIIIIS !

Quand j'ai commencé le livre je l'ai dit autour de moi, et j'ai eu autant de meufs qui m'ont dit *« oh c'est mon livre préféré »* que de meufs qui m'ont dit *« ouh là c'est problématique ce livre ».*

Moi, je suis dans le camp de celles qui disent :

Euhhh ce livre : c'est pas possible.

Si j'ai bien compris ce que j'ai lu, Albert Cohen voulait montrer que l'amour passion c'était pas dingue dans la durée, que c'était s'enfermer… et franchement, je suis d'accord, la passion, c'est éphémère, et c'est dangereux, et surtout, écrit comme ça : c'est super chiant à lire.

En revanche, je n'ai lu nulle part que Cohen voulait montrer qu'un homme pouvait être nocif… et moi, j'ai du mal à penser qu'on peut autant chier sur la gueule des femmes pendant 1 100 pages sans quand même le penser un peu. Aucun personnage féminin n'est attachant, et même si on avait envie de s'attacher à elles, les personnages masculins sont là pour nous rappeler à quel point *« ah la la, les femmes, elles sont intéressées, et frivoles, et cruelles, etc., etc. ».*

Sur Wikipédia, il est écrit que « Belle du Seigneur, *considéré par certains dont Joseph Kessel comme un roman central de la littérature française, est un hymne éternel à la femme, objet de fascination et de désespoir pour l'auteur ».*
Non. Ce n'est pas un hymne à la femme. C'est un hymne à la merde.
C'est une autre chanson de Piaf, mais moins connue que « L'Hymne à l'amour », je sais pas si vous connaissez :

Le ciel bleu, sur nous peut s'effondrer
Et la Terre, peut bien s'écrouler
Peu m'impoooorte
Tant que le patriarcat et l'emprise sur les femmes
et les clichés malsains sont toujours debout
Je dirige le monde entier...
avec mon pénis...

Cohen parlait de Solal comme cela :
« La défaite de l'amour commence à partir du moment où, par exemple, il est méchant avec elle. Mais il est méchant avec elle par bonté, pour lui donner des toboggans de passion, pour lui donner des choses nouvelles, qu'il renouvelle, et surtout pour lui donner la fin de la méchanceté, la fin de la colère, de nouveau la joie d'être ensemble, de nouveau la joie d'être tendres l'un avec l'autre. Il y a un certain moment, vers la fin de Belle du Seigneur*, où, exprès, il est jaloux d'elle. Il est jaloux d'elle à la fois sincèrement, mais aussi comme moyen tactique de renouveler l'amour, de remettre des flammes sur ce qui s'éteint, parce qu'après les scènes terribles qu'il lui fait, enfin, elle comprend que c'est beau d'avoir un amant tendre, aimant, doux. »*

NUL

Personnellement, je pense que ce livre est aussi nécessaire à la littérature que moi quand il est question de physique quantique.
Après, j'y connais pas grand-chose à la littérature, donc je vous propose de ne pas prendre mon avis très au sérieux.

Voilà, ça, c'était Belle du Seigneur, mais en Vulgaire.

CHAPITRE 20

le procès de Bobigny

Depuis le début de cette belle aventchure qu'est ce livre, peu de choses m'ont fait pleurer. Je n'ai pas pleuré en lisant les 8 000 pages de *Belle du Seigneur,* ni en essayant de comprendre et de vous expliquer les marées (j'aurais pu pourtant parce que c'était galère, mais non), j'ai pas non plus pleuré quand j'ai travaillé sur Monaco, le paracétamol ou Sissi…

Mais là, sur ce sujet… comme disaient Fredericks Goldman Jones, *ça m'a pris par surprise, quand j'étais qu'un gamin,* ouais bon j'ai 35 ans faites comme si *j'regardais des trucs sur YouTube, et j'en attendais rien.*

Et pourtant, en plein milieu d'un épisode de l'émission de France Inter *Affaires sensibles,* j'ai fondu en larmes, parce que… Fabrice Drouelle est super fort pour mettre le bon ton sur les bons mots, déjà ; et surtout parce que ça parlait de moi, de ma mère, de mes grands-mères, de mes amies, de ma sœur, de ma meuf. Ça parlait de notre condition de femmes, et d'à quel point les combats qui semblent avoir eu lieu hier sont en réalité encore actuels, et fragiles.

Bref, j'ai chialé d'abord parce que c'était émouvant, et puis ensuite parce que j'ai pensé : Va falloir que je fasse des blagues dessus ? POURQUOIIIII ?

Mais me voilà, parce que j'ai regardé sur Internet, et je vais vous expliquer ce que j'ai compris du célèbre procès de Bobigny.

Il s'agit d'un procès très célèbre qui a eu lieu en octobre et novembre 1972, à Paris.

Non, bah non, suivez un peu !

C'était à Bobigny, et il a changé le cours de l'histoire.

L'accusation portait sur cinq femmes, Lucette Dubouchet, Renée Sausset, Micheline Bambuck, Marie-Claire Chevalier et sa mère Michèle, oui, sa mère Michèle. ← Vous l'avez ?

Mais commençons par le commencement.

Nous sommes en 1971 et Marie-Claire Chevalier a 16 ans.
Elle s'entend plutôt bien avec un mec de sa classe, Daniel P.
C'est comme ça qu'ils l'appellent sur Wikipédia, Daniel P.

En tout cas, un jour, elle retrouve chez lui ce Daniel P. qui l'avait invitée à écouter ses nouveaux disques.

Ce jour-là, il viole Marie-Claire Chevalier.
Ah oui, en fait, le P. de son nom ça doit être pour *prédateur sexuel*.

Quelque temps plus tard, la jeune fille découvre qu'elle est enceinte, et choisit de ne pas garder cet enfant.
Elle prévient sa mère Michèle, employée de la RATP, mère célibataire de trois filles, qui décide de la soutenir, et de l'aider. Elles commencent par aller voir un gynéco qui accepte de pratiquer l'avortement contre 4 500 francs, mais c'est trop cher pour cette famille qui vit avec les 1 500 francs que gagne chaque mois Michèle.

Alors elle demande de l'aide à ses collègues pour trouver ce qu'on appelle une *faiseuse d'anges,* c'est-à-dire une femme qui pratique l'avortement illégalement. Souvent, ces femmes le faisaient par conviction, pour rendre service, mais elles n'étaient pas formées à la médecine, et l'acte était illégal donc souvent pratiqué dans des conditions très difficiles, avec des techniques dangereuses, par exemple : percer la poche des eaux avec une aiguille à tricoter, un cintre, ou un objet qui pourra insérer dans le vagin de l'eau de javel chaude, ingérer des herbes médicinales toxiques, des algues, du vinaigre, des produits d'entretien, pour se rendre malade. Un tout petit peu plus tard, une technique moins dangereuse et douloureuse mais toujours aussi illégale va arriver, une technique d'aspiration.

Si vous voulez une idée plus précise de ce que pouvait vivre une femme à l'époque, je vous invite à lire *L'Événement* d'Annie Ernaux.

Pour Marie-Claire, Michèle s'adresse à sa collègue de la RATP Lucette Dubouchet, qui en parle à une autre collègue, Renée Sausset, et ensemble, elles se tournent vers une autre collègue, Micheline Bambuck.

Y a pas à dire, la RATP c'est vraiment un réseau dingue. Limite ça devrait s'appeler la *RATPS : Régie Autonome des Transports Parisiens et de la Sororité.*

RATPS

Micheline Bambuck a déjà pratiqué l'avortement et elle accepte d'aider Marie-Claire pour 1 200 francs. Pour ce faire, elle pose une sonde, un fil électrique qu'elle laisse dans le vagin afin qu'il s'infecte et que cela « tue » l'embryon, ou qu'il crée des saignements qui permettront à Marie-Claire de se présenter aux urgences et d'être prise en charge à l'hôpital pour un curetage (c'est un acte chirurgical grâce auquel on enlève des bouts de tissu qui se trouvent dans une cavité).

Je sais pas si c'est vraiment ça, mais moi j'ai vraiment l'image qu'on gratte pour enlever. Si c'est mal fait, ça peut s'infecter et être vraiment dangereux, créer des séquelles, notamment l'infertilité, et parfois des infections ou des maladies de l'utérus. Et à l'époque, comme il fallait « punir » les femmes qui avortaient, on pratiquait en général le curetage sans anesthésie. YAY.

Alors là, vous allez me dire : *« Marine, peut-être que ça manque un peu de blagues. »*
C'est vrai, et comme je ne veux pas vous décevoir, je suis allée sur un site qui recensait 21 blagues drôles qui font rire à chaque fois, donc je vous mets ma préférée, j'espère que ça va bien rythmer le chapitre :

Comment appelle-t-on un hamster dans l'espace ?
Un hamsteroïde.

Voilà, maintenant qu'on a bien ri, je vais vous faire un point sur l'avortement de Marie-Claire Chevalier. Vous êtes prêt.e.s ?

Ça se passe mal, et puisqu'elle fait une hémorragie, elle doit aller en urgence chez le médecin pour être soignée. L'intervention coûte 1 200 francs supplémentaires à sa mère qui fait un chèque en blanc, puis elles rentrent chez elles.

Quelque temps plus tard, Daniel P., qui avait appris ce qu'il s'était passé *et qui était vraiment décidément une belle personne,* se fait gauler par la police à piquer des trucs, et pour négocier sa peine, il dénonce Marie-Claire, sa mère, et ses amies, qui sont mises en examen pour avortement.

Car il y a 50 ans, avorter, c'était un crime.
Aujourd'hui c'est un droit, mais en 1971, au moment des faits, il y avait encore la loi de 1920, qui interdisait toute pratique et information sur la contraception et l'avortement. C'était puni de prison.
Il y a même une avorteuse qui a été condamnée à mort en 1943.
Les médecins et autres professionnels de santé qui pratiquaient l'avortement risquaient l'interdiction d'exercer leur métier.

Heureusement, la contraception avait été autorisée à la fin des années 1960 mais elle n'était pas remboursée.
Donc la contraception, c'était pour les femmes qui avaient de l'argent, et c'était un peu la même chose pour l'avortement puisqu'il était possible d'avorter légalement en Suisse, en Espagne, en Angleterre, etc.

Ça me fait réaliser d'ailleurs que c'est toujours dans les autres pays qu'on peut faire des trucs avant la France… Avorter… Avoir des enfants grâce à la PMA…
En fait la France c'est vraiment le pays des droits des hommes, mais pour les droits des femmes, mieux vaut se renseigner dans les pays limitrophes.

Michèle Chevalier part alors à la recherche d'une avocate pour leur défense à toutes les cinq. Elle fera la rencontre de Gisèle Halimi.

Gisèle Halimi, il y aurait un tas de choses à dire sur elle, mais pour vous résumer, elle a fait beaucoup pour la cause des femmes, elle est décédée en 2020, contre toute attente c'était la marraine de Nicolas Bedos, et elle ressemblait vaguement à Léa Salamé.

C'est elle qui a tenu en 1977 ces propos qui résonnent très fort encore aujourd'hui : *« Vous savez, ce n'est pas un procès de viol, l'enjeu. Ce n'est pas une condamnation ou un acquittement. L'enjeu, c'est changer les rapports, fondamentalement, entre les hommes et les femmes. Il ne peut pas y avoir de société où le couple, au plan de l'amour, soit basé sur un rapport de force physique. »*

Si Michèle Chevalier se tourne vers elle, c'est parce que Gisèle Halimi est la seule avocate qui a signé le manifeste des 343 femmes qui ont déclaré avoir avorté dans *Le Nouvel Observateur,* qu'elle a créé avec Simone de Beauvoir une association qui s'appelle « Choisir », et qu'elle a défendu une femme qui avait été violée et torturée par des soldats français pendant son emprisonnement durant la guerre d'Algérie.

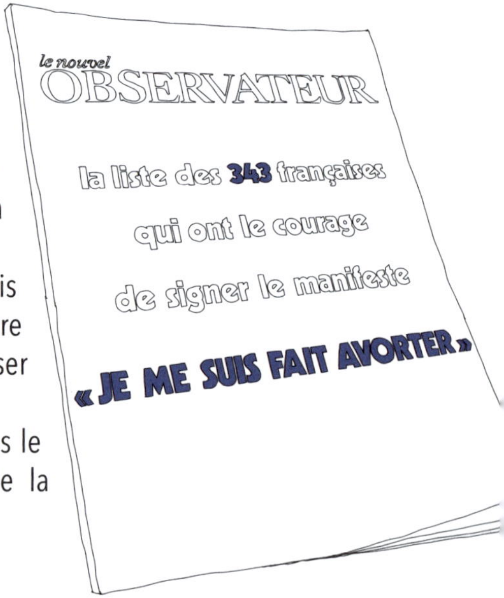

Michèle Chevalier n'a pas d'argent pour la payer mais Gisèle Halimi prend conscience de tout le symbole que peut représenter ce procès : une fille, sa mère, trois femmes qui l'aident.
Elle décide de devenir leur avocate, mais prévient sa nouvelle cliente : ça va être dur, et pour gagner, il faudra médiatiser le procès.
Son but, c'est que ce procès ne soit pas le procès d'individus, mais le procès de la politique anti-avortement de l'époque.

Le but, c'est de répondre à l'accusation de crime en disant : ce ne sont pas mes clientes qui sont criminelles, c'est votre loi 1920 qui l'est.
Défendre en attaquant ailleurs.

Il faut savoir qu'à ce moment-là, l'opinion publique est plutôt favorable à la dépénalisation de l'avortement, et cette affaire devient le symbole d'un combat, incarné par Marie-Claire Chevalier, adolescente, plutôt pauvre, victime d'un viol, elle a un nom de magazine de trentenaire en plus.
Son procès a lieu à huis clos car elle est mineure, et le juge a un nom improbable pour cette affaire je trouve puisqu'il s'appelle : Casanova.

Le mec a le même nom que le séducteur le plus connu après Léonardo di Caprio.

Dans ce procès qui a lieu le 11 octobre 1972, Marie-Claire exprime clairement qu'elle a été violée, qu'elle a pris la décision seule d'interrompre sa grossesse, et qu'elle était très consciente des risques et de l'illégalité de ses actes. Elle a aussi indiqué qu'elle ne regrettait pas son choix. Bon.
Eh bien figurez-vous que le parquet a mis en doute le fait qu'elle a été agressée sexuellement, estimant qu'il n'y avait pas de preuves. *« Elle a avorté mais il n'y avait pas de preuves de viol »,* vraiment, je ne comprends pas pourquoi cette vanne ne fait pas partie des 21 blagues drôles qui font rire à chaque fois.

Marie-Claire a néanmoins été relaxée par Casanova, qui l'a justifié car elle avait subi des *« contraintes d'ordre moral, social, familial, auxquelles elle n'avait pu résister ».* En gros elle est relaxée car le juge estime qu'elle ne savait pas ce qu'elle faisait, qu'elle n'avait pas le choix, et qu'elle n'avait pas pu en être à l'initiative.

En réalité, on estime que cette décision du juge Casanova était aussi politique, même s'il ne l'a jamais confirmé. Toujours est-il qu'en faisant cela, il a créé une jurisprudence : **une affaire jugée qui relaxait une femme qui avortait, c'était une façon d'autoriser que d'autres soient relaxées aussi.**

Première victoire pour Gisèle Halimi.

YOU WIN !

Le second procès a eu lieu le 8 novembre 1972.
Quarante-huit ans plus tard naissait mon neveu mais ça c'est juste pour la spéciale dédicace. TATA T'AIME MON BICHON DES SEPT ÎLES ! BISOUS MON ROGER
Oui bon il s'appelle Roger.
Mais je juge pas, vu comment c'est parti, là les prénoms Michèle, Marie-Claire et Gisèle viennent de monter en flèche dans le classement des prénoms probables de mes futurs enfants. Avant ils étaient… pfff. Loiiiin. Ils étaient juste derrière Marie-Gwendaline, et Millepertuis, c'est vous dire s'ils étaient loin.

Afin que le procès soit avant tout politique et qu'il trouve le plus d'écho possible, Gisèle Halimi monte une défense basée sur les témoignages de célébrités compétentes.
Ainsi, elle s'est assurée d'avoir une couverture médiatique très importante. Pourtant, des féministes membres de l'asso « Choisir » espèrent un procès sans hommes ni célébrités, avec uniquement des femmes dites « normales », c'est-à-dire des femmes de la vie de tous les jours.
Au final, Gisèle Halimi et Michèle Chevalier, qui était très consciente du symbole mais aussi de sa situation personnelle, ont quand même fait le choix d'inviter à témoigner : des docteurs qui ont gagné des prix Nobel de médecine, des célébrités comme Delphine Seyrig, Michel Rocard, Françoise Fabian, Simone de Beauvoir, Aimé Césaire, parmi d'autres.

Delphine Seyrig Simone de Beauvoir Aimé Césaire

Un médecin déclare notamment à la barre ce jour-là qu'il aurait avorté Marie-Claire si elle était venue le voir, et il remboursera même les frais d'hospitalisation à sa mère.

Gisèle Halimi a centré sa défense sur plusieurs axes :

1) Pointer du doigt le problème de la loi de 1920, en montrant à quel point elle était désuète.
Michèle Chevalier lancera d'ailleurs aux magistrats : "Mais, Monsieur le juge, je ne suis pas coupable, c'est votre loi qui est coupable !"

2) Montrer que cette loi défavorisait largement les personnes modestes.
Elle a notamment dit au cours du procès qu'elle aussi, elle avait avorté, et a fait témoigner, entre autres, Delphine Seyrig et Simone de Beauvoir qui avaient publiquement dit avoir avorté, sans jamais avoir été poursuivies.

3) Demander : est-ce que les êtres humains peuvent disposer de leur corps?
Les hommes, on sait que oui, mais les femmes ? C'est là qu'elle a fait intervenir des médecins qui ont soutenu qu'ils auraient procédé à l'avortement, et même un médecin militant catholique a estimé que *« c'est à la femme de choisir. Ce n'est pas à nous d'imposer nos conceptions d'hommes et d'hommes riches ».*

Après y avait sûrement d'autres axes mais vraiment le Axe faut pas trop en mettre sinon ça fout un peu la gerbe donc j'arrête.

Au terme de cette journée dense, Michèle Chevalier sera condamnée à 500 francs avec sursis. Elle fera appel mais il n'y aura jamais de date de procès donc on estime qu'elle n'a jamais été officiellement condamnée.
Ses deux collègues qui l'ont mise en relation avec la troisième collègue faiseuse d'anges ont été relaxées, alors qu'elles ont revendiqué avoir aidé Chevalier, et Micheline Bambuck a été condamnée à 1 an de prison avec sursis pour l'avortement.

Ces décisions sont des victoires, et la plaidoirie de Gisèle Halimi a été sublime, grandiose. Vous savez en la lisant j'avais envie qu'il y ait une musique émouvante, pour que je puisse me lever, monter sur ma chaise, en disant,

« Capitaine Halimi
my Capitaine Halimi. »

Ce procès a eu des conséquences superbes puisque de moins en moins de femmes ont été condamnées pour avortement, et en 1975, la loi sur l'interruption volontaire de grossesse, soutenue par Simone Veil, a été votée.
Ce droit est fragile, et à titre personnel je suis très reconnaissante envers ces femmes qui ont milité et pris tant de risques pour que je puisse, moi, avoir le choix.

Pour lire la plaidoirie complète de Gisèle Halimi, scannez ce QR Code, et cliquez sur le lien qui apparaît :

Voilà, ça, c'était le procès de Bobigny, mais en Vulgaire.

Remerciements de Marine

Merci à la si singulière Juliette Poney, pour sa créativité, sa disponibilité et son amitié sans faille. Juliette, c'est une joie de travailler ensemble, un honneur d'avoir fait ce livre avec toi et tes petits yeux. Merci à Léa et Gaspard de ne pas trop m'en vouloir de te demander des modifs à 23 h 43.

Merci au merveilleux Christophe Absi, à la non moins géniale Eva Bouts, et à Flammarion pour leur confiance, leur écoute, leurs idées, leur gentillesse. Je suis si fière de travailler avec vous et de sortir ce livre dans cette grande maison.

Merci Papa de ta participation à mon livre, ça me rend très fière.

Merci à Guillaume Bérat, Antoine Olier et Romain Baousson pour leur talent : sans vous y aurait pas *Vulgaire*. Vraiment pas.

Merci à Mathilde Carron et Geoffrey Roques pour leurs conseils si précieux.

Merci à Delphine Grand, Clémence Bracq et son orchestre, Aurélia Loncan, W Comedy, Yoann de Birague, Alex Blomme, Laura Domenge et Nicolas Vital. Merci à tou.te.s mes invité.e.s du podcast, merci à Super Loutre. Merci aux équipes d'Ideal Rights et de Studio Brune. Merci au Paris Podcast Festival, à Radio France, et à Apple pour les prix décernés à *Vulgaire*. Merci à Mathilde, Romane, Cédric et aux équipes d'Acast pour leur confiance et leurs encouragements.

Merci à ma famille, mes ami.e.s., une pensée pour mes grand-mères, et bien sûr à celle qui inspire, lit, écoute, et corrige *Vulgaire* : Élisa. Je t'aime.

Et enfin merci à toutes celles et tous ceux qui écoutent ce podcast qui rend ma vie mille fois plus jolie.

Remerciements de Juliette

Merci à celle qui est devenue mon épicentre en si peu de temps. Merci de m'avoir embarquée dans cette jolie histoire, et c'est avec une fierté infinie que je vois mon nom à coté du tien Marine BOUASSON.

Merci à ma femme pour sa douceur, son regard, sa patience illimitée pour accepter ma folie.

Merci à Christophe et Eva pour leur humour, leur respect et leur confiance.

<3
Minus je t'aime.

Pour écouter le podcast Vulgaire, scannez ce QR code,
et cliquez sur le lien qui apparaît :

https://linktr.ee/Vulgaire

Et retrouvez Marine Baousson, ses dates et son actualité sur Instagram :
@marinebaousson
Ou ici :

https://linktr.ee/marinebaousson

Retrouvez aussi Juliette Poney sur Intragram : @julietteponey_illustrations

Voilà, ça,
c'était Vulgaire,
mais en livre.

C'est fini.

Là vous pouvez considérer que votre lecture est terminée.

À la limite il reste encore un dernier truc à lire,
mais je vous préviens c'est pas passionnant...

Achevé d'imprimer en septembre 2021 en Espagne par Liberdúplex

N° d'édition : L.01ELKN000868.N001
Dépôt légal : octobre 2021

(Je vous avais prévenu.e.s)